公認心理師のための
精神分析入門
保健医療、福祉、教育、司法・犯罪、産業・労働領域での臨床実践

祖父江典人
Sobue Noribito

誠信書房

はじめに

本書は、これからの心理臨床のさまざまな職域において、どのように精神分析を活かしていくのかを、主たるテーマにしています。私たちの日常臨床の現場は、とりわけ公認心理師の誕生とともに、さらに多様性や応用を求められる状況になっていくことが予想されます。そのなかで精神分析的観点はどのように活かされうるのか、精神分析的観点を活かすことで、私たちの日常的な臨床実践にどのような奥行きや深まりがもたらされるのか等々を、本書ではお示ししていきたいと考えています。

今日では、精神分析そのものを実践できる現場はごく限られていると言えるでしょう。ですが、精神分析的臨床そのものが可能でなくとも、さまざまな臨床領域において精神分析の観点が有用なことは、疑い得ないように思われます。なぜなら、私たちが対象者の表層の言動のみならずこころの奥行き（無意識）を読み取り、直接無意識にアプローチするわけではなくとも、そこを考慮したうえでどのように対象者と関わるかを検討する姿勢が、対象者にとっても私たち臨床家にとっても、とても大事なことになるからです。

対象者にとっての必要性はおいおい述べていくことにして、私たち自身がセラピーや支援においてバーンアウトしたり疲れ果てたりしないため、私たち臨床家にとっての必要性をここで簡潔にお伝えします。と言いますのも、人のこころの奥行きに頓着することなく、対象者の意識的ニードに応えているだけの支援ですと、私たち自身が使われるままに疲弊してしまうか、逆に対象者に攻撃的になったりしかねません。そのような不幸なプロセスに陥ることは、慢性疾患や障害の多い臨床現場では、決して珍しいことではないのです。なぜなら、慢性的な疾患や障害は、現実支援を行っていても目に見えた援助の成果が得られなく、援助者側が疲弊感を強くすることも起きやすいからです。ですから、そうならないためには、対象者の無意識やそれに基づく関係性を読み取り、そのうえでセラピーや支援に活かしていく視点が現実支援においても臨床の醍醐味をもたらし、私たちのやりがいに繋がると考えられるのです。そのためには、精神分析の人間理解や対象関係の理解は、必須のスキルとなるはずです。

本書の構成は以下のとおりです。序章では、日常臨床で出会う自我の脆弱な患者群に対して、筆者の病院臨床経験を振り返るなかで、従来の精神分析の理論や技法の効用や限界を検討し、本論への架け橋とします。第1章「公認心理師のための精神分析の実践的基礎知識──精神分析から見た人間の本性とセラピー論」では、フロイトをはじめとする精神分析の先達の考え方の要点を、「不安と防衛」のみならず「欲望」の視点から読み解く重要性を解説し、治療論に繋げます。第2章「現代の臨床と破壊性の様相」では、現代の病理に色濃く影を落とす〝破壊性〟のテーマを、「身体依存型快楽」と「人間関係依存型快楽」の二側面から概観します。第3章「日常臨床のための精神分析──自我の脆弱なクライエントに対して」では、精神分析を私たちのごく日常の臨床実践に活かすために、「内的マネジメント」の考え方や技法を解説します。さらに「内的マネジメント」によって自我の補強がなされた後の課題として、「悪い自己との連結」のテーマへと論を進めます。第4章「保健医療、福祉、教育、司法・犯罪、産業・労働における実践の深まりのために」では、第3章で解説した日常臨床に活かすための精神分析の要点を、臨床実践においてどのように活用するのか、理論から実践への橋渡しをしていきたいと考えています。

祖父江 典人

目次

序　章

これからの心理臨床にとっての精神分析の意義

さて、本論に入る前に、本書を執筆するにあたっての動機や目的について、私自身の臨床経験も交えながら、もう少しお伝えしたいと思います。それによって、本書の問題意識や執筆の目的が、さらに明確になると考えるからです。

1　現実支援における精神分析の意義

平成二十九年九月の公認心理師法の施行により、読者の皆さんも第一回国家試験を受験し、めでたく合格された方も多いと思われますが、そのような時代の潮流とともに、ますます心理職が現実支援的な方向で仕事をすることが増えていくのではないでしょうか。現実支援というのは、現実に役立つ対処法をアドバイスしたり、エビデンスに基づいたマニュアル化された支援法の実践を指したりします。今日では、認知行動療法（CBT）が、その代表的なものかもしれません。心理の職域が、従来の病院臨床に留まらず、教育、福祉、産業、司法にまで広がりを見せるに及んでは、そうした支援法が求められることは時代の流れでしょう。私自身は、その方向性が心理の悲願の国家資格にまで繋がりましたので、結構なことではないかと思っています。

ただ、現実支援の考え方は、基本的に意識心理学に拠っています。CBTでは、もちろん中核信念などの意識の奥にある前意識あるいは無意識の考えを明らかにしていく手続きを踏んだりしますが、それはあくまでもご本人の気づいた範囲内でのこころの奥であり、いわば浅い無意識と言ってよいかもしれません。ですが、私たちが精神分析的心理療法の営みのなかで知っている人のこころの闇というのは、さらに矛盾に満ちています。ご本人の言っていることは、時にまったく当てにならないことを、よく知っているのです。

児童虐待を例にとってみましょう。平成二十九年末に大阪の寝屋川で、両親による娘への監禁致死という痛ましい事件がありました。中学生の頃より監視カメラのいっぱい付けられたプレハブ小屋で監禁されていた娘さんが、三十歳過ぎに衰弱死した事件です。事件の内容はマスコミ報道にて知る程度ですので、事件の詳細は定かではありませんが、たとえば幼少期から暴力に晒《さら》され支配されてしまい、さらには性的虐待なども行われていたりすると、ご本人の自我はどんどん無力になっていくわけです。無力さというのは、耐え難い苦痛でもありますが、それが常態化すると、逆に〝無力さの快感〟を帯びていくようなところがあります。ある種のマゾヒズムですね。そのため、たとえば無力さのなかで解離したり自傷行為をすること自体が倒錯的な快感の性質を帯び、救いを求めているはずのご本人自身が、自ら虐待の無力さのなかに飛び込んでいったり、嵌《は》まり込んでいくことが生じたりします。この事件でもそうしたことが起き、逃げ出す気力がなくなったばかりでなく、〝無力さの快感〟も生じたかもしれません。さらには、死ぬことによって親への〝最後の復讐〟を果たすという快感にたどり着いた可能性を、否定できないように感じています。なぜなら、衰弱死によって親の悪行は世間の知れ渡るところとなり、親は刑罰を受けることになりますから、見事な復讐でもあります。

そこまで悲劇性の強い事件ではないにしろ、私たちは精神分析的心理療法を行ってきたなかで、そうした人間のこころの矛盾をたびたび経験しています。ですが、現実支援の理解では、人のこころの闇と言いますか、病理的快感に突き動かされるようなこころの闇まで視野に入れた援助を、行うわけではありません。実はそれはとても残念なことなのですね。もちろん現実支援ですから、直接こころの闇を解釈したり明らかにしたりしていくわけではないですが、そうしたこころの闇をわきまえたうえで支援していくほうが、やはり支援の深みや手応えが違ってくるように思われるのです。

もっとありふれた例で説明しますと、たとえば、DVやハラスメント被害の相談があります。そうした被害相談などで時々出会うクライエントのなかには、意識して訴えていることと、こころの裏に潜んでいる気持ちが、正反対のことがあります。たとえば、職場で上司からひどい仕打ちや叱責を受け、出勤できなくなった女性がいたとします。そのような場合、いかに職場の上司が無神経で、人の気持ちに無頓着で身勝手か、という訴えが縷々《るる》話されたりします。もちろん私たち支援者やセラピストは、そのような話に真摯に耳を傾け、気持ちを汲もうとするわけですが、そのような意識的な訴えのみに耳を傾けていた場合、クライエントのこころの全体像を大きくとらえ損なう場合が出てきます。なぜかと言うと、そうした意識的訴えが、いわゆる精神分析で言う心的防衛としての役割を果たしていることがあるからです。言っていることがすべてではないわけです。なかには、こうした被害の訴えの裏に別のこころが大きく存在し、そのこころを隠すために意識的な訴えが強調されたりします。

私はそういう方に何人かお会いしたことがあるのですが、今では生理的嫌悪感や拒否感によって身体的な拒絶反応まで出てしまうクライエントが、被害に遭うまでは、その上司を実はとても信頼し、性愛感情までひそかに抱いていたことがあったりするのです。それゆえ、その上司から傷つき体験を受けた後は、ショックのあまり激しい嫌悪感が意識を覆い、性愛感情を追い払ってしまうわけですね。こうした場合、上司に対するこころの奥の気持ちと言いますか、自らが以前に抱いていた性愛感情自体がとても許せなくなるので、上司に対する嫌悪感をいつまでも激しく抱き続け、自らの内奥にある気持ちを塞《ふさ》ぎ続ける必要が生じてくるのです。そのため、上司に対する気持ちの整理は遅々として進まず、結果的にご本人のうつ状態も遷延したりします。したがって、こうしたケースの場合、表側の訴えを真摯に受け止めるばかりでは、セラピーは進まないわけですね。まさにフロイトの初期業績であるヒステリーの症例と、同じことが起きているわけです。

現実支援においては直接、無意識の気持ちにアプローチするわけではないですが、表側の訴えの背後にある別の気持ちの存在を理解しながら支援するのと、表側の気持ちがまったくすべてだと思って支援するのとでは、自ずと支援の結果も違ってくることでしょう。

さらには、昨今の時代の流れのなかで、通常の心理療法においても、三十分面接とか、月一回面接とか、あるいはそんな一定の面接時間すらも確保されずに、面接場所も決められないような条件での臨床現場も増えてきています。それは時代の要請として、必然的に多くなってきています。ですから、多くの臨床家にとって精神分析自体を原理的に行うことは極めて困難ですし、現実にそぐわなくなってきています。

本書第4章では、臨床素材をもとに、日常臨床や現実支援のなかでの精神分析的視点の実践的な活かし方を解説しています。精神分析の技法をそのまま使うことは不可能でもあるし、不必要でもあるけれども、日常臨床のなかでその観点を活かしながら臨床に役立てることは、充分に可能であるし、必要なことでもあるのです。

2 筆者の病院臨床経験から振り返る精神分析の現実問題

(1) 病院臨床における精神分析的心理療法の理想と現実のギャップ

私は今からおよそ四十年前に大学を卒業した後、名古屋大学の精神神経科の医局で、心理の研修生として二年間、精神医学や心理療法の研修を受けました。その後、国立療養所東尾張病院にて二年間、続いて安城更生病院という地域の基幹病院である総合病院精神神経科にて、臨床心理士として十八年間働いてきました。その後、大学教員になって十七年経つという経歴です。

臨床キャリアとしては病院臨床畑をずっと歩いてきたのですが、当時から病院に心理療法を求めてくる人はごく少数ですし、医師から心理療法を依頼されることもそんなに多くはありませんでした。ご存知の方もおられると思いますが、精神科臨床というのは基本的に投薬中心ですから、ほとんどの場合、投薬が第一選択となります。さらに患者も、「自分自身のことを知りたい」と言って心理療法を求めて来る人なんて、まずいないわけです。では何を求めて来るかというと、「病気を治してほしい」「症状を治したい」という理由で来るのです。つまり、「パニック発作を治したい」とか「確認強迫を治したい」という症状の除去を求めて来られるので、心理療法への面接意欲や動機を持った人なんて、まずいないわけです。

そのなかで、「薬ではどうもうまくいかない」とか、「いろいろ話が長いから、心理で話を聞いてもらってください」などの理由で、医師から心理療法を依頼されてくるわけです。すなわち、漠然とした心理療法への期待であったり、医者側の都合であったり、そういう理由で心理療法に紹介されてきたりするのが、ごく普通の精神科臨床での現状ではないでしょうか。別に私は医師の姿勢を批判しているのではなく、忙しい精神科外来においては、そのような現実が存在することを理解する必要があると思っているのです。もちろん、なかには心理療法の適応をきちんと見立て、心理療法をよく理解したうえで患者を紹介される精神科医もおられますが、少数派でしょう。さらに今日ではＣＢＴが主流を占める傾向にありますので、もっと現実的な適応や症状への対処を目的として、心理に依頼されてくる場合が多いかと思われます。

一方、患者のほうとしても、多くは症状の改善を求めて精神科の高い敷居をまたいだのに、心理療法という

〝お話療法〟を紹介され、いったい何をするのか、何の効果があるのか皆目見当がつかず、戸惑われます。ですが、主治医の勧めなので、多くの患者は従順に医師の指示に従って紹介されてくるわけです。ですので、病院臨床における心理療法とは、心理療法に対する動機づけがあるわけではない患者に、いかにその舞台に上がってもらうか、というところから始まることになります。心理療法を始めるにあたっての導入の工夫に関しては、別に拙著（祖父江 2015）に記載していますので、ご参考にしていただければと思います。

このように、私自身は病院臨床のなかで一介の臨床心理士としてキャリアを出発させましたので、端から精神分析の原理的な方法論には違和感がありました。「病院臨床のなかで自由連想や分析的セラピーのできる人なんて、滅多にいないよな」という実感があったわけです。したがって、私の従事していたような日常臨床においては、精神分析の掲げる理論や実践をそのまま適用できるわけではなく、私自身が職業キャリアの出発点から理想と現実のギャップに悩み、さまざまに苦労や工夫を重ねてきた経験が、本書の下敷きにもなっています。ですが、このキャリアは、公認心理師の資格化による具体的な支援の方向性が打ち出されるなかで、逆に精神分析的な観点を活かすうえで、大いに役立つように考えています。

（2）日常臨床における自我の脆弱な患者群の登場

私が臨床を始めてしばらくした頃から、いわゆるパーソナリティ障害や境界例と言われる人たちが、精神科を訪れることが増えてきました。たとえば職場不適応や人間関係のトラブルで、精神科の門を叩くわけです。そういう人たちは、薬ではあまり良くならない場合も多かったものですから、心理に依頼されることも増えていったのです。彼らは精神症状のみならず、さまざまな人間関係のトラブルや困りごとを抱えていて、話をしたいというニードもありましたので、心理が話を聞くにはちょうどよかったわけです。特に境界例の人などは、行動化は激しいものの、人への希求性も強かったりしたので、心理に依頼されることも多くなっていきました。

そこで私も、精神分析的な心理療法のチャンスだと思ってそういうケースを担当したのですが、「それは辛かったですね」など、いわゆる従来の共感、受容的な面接を行っていると、どんどん患者の行動化が増えていったのです。患者の苦労をねぎらいながら面接を進めると、逆に患者の状態や病像が悪くなるという皮肉な結果が訪れることも少なくありませんでした。これは私に限ったことではなく、他のセラピストの症例発表など聞いていても、多かれ少なかれ似たようなところがありました。したがって、当時、経験のある精神科医などからは、「心理にケースを回すと悪くなる」という言われようもしたのです。私自身は内心いささか憤慨しながらも、それは認めざるを得ない事実でもあったのですね。共感、受容的に話を聴けば聴くほど、患者の行動化はどんどん増えるし、リストカットも増えるし、多量服薬もしますしね。そういう形で悪くなっていってしまったのです。

後になってわかったのですが、これはつまり、こういうことだったのです。精神分析的心理療法というのは、本人の内的情動と言いますか、気持ちに気づくということを重視するわけです。基本的には共感、受容をしながらも、だんだんと患者の内奥の気持ちにアクセスしていくという、そういう手法です。その結果、「実は親との関係でこんなに憎しみを感じていた」とか、「実はこれほど愛されたい気持ちが隠されていた」など、依存なり攻撃性なり、自分のこころの奥の気持ちに気づいていくことが起きます。それで結局、自分の気づいた気持ちに耐えられなくなったのですね。「自己を知る」という精神分析の基本原則が逆に患者を悪くする、苦しめるということが起きました。無意識の意識化が、そういう皮肉な結果をもたらしてしまっていたのです。

今でも症例検討会や学会報告などを聞いていると、心理臨床学会や精神分析学会のような全国大会でも、そういうことがたびたび起きているように思われます。いわゆる「自己を知る」に伴う副作用ですね。気づいたことに自我が耐えられないのです。気持ちの重みにこころが耐えられないわけです。特に分析的なオリエンテーションのセラピーでは、攻撃性の解釈とか依存の解釈など、解釈というアプローチが奨励されます。ですが、そうして解釈して気づいたことが本人に抱えられるかどうかということが、あまり考慮されずにセラピーされている場合も珍しくないように思われます。結局のところ、自分の気持ちの重みに耐えられなければ、こころの中に留まらずに暴発するか自滅します。これが、精神分析で言う「陰性治療反応」です。そのあたりのことが、私も臨床をやっていくなかで、だんだんと〝これはまずいな〟と気づくようになりました。すなわち、精神分析の原理的な方法論が、自我の脆弱な患者たちにとっては耐え難い「心的苦痛」をもたらす、ということです。

(3) 今日の臨床状況における精神分析的心理療法の技法上の問題

A 自我の脆弱な患者群における技法上の盲点

精神分析的心理療法においては、「自己を知る」という命題が無条件に是とされているところがあります。もちろん「自己を知る」ことは、こころの健康や成長にとっては必要なことには間違いないのですが、そのインパクトの強さに耐えられない人のいることは、置き去りにされてきたところがあるかもしれません。とりわけ精神分析の技法では、解釈が重視され、その御旗の下に「自己を知る」ことの必要性が強調されてきた歴史がありますので。

「自己を知る」、言葉を換えれば「無意識の意識化」の起源は、もちろんフロイトに遡ります。フロイトが精神分析の手始めに相手にしていた患者は、ヒステリーという神経症圏の人たちでした。厳密には神経症圏と言えないヒステリー患者も含まれていましたが、『ヒステリー研究』（Freud, 1895）の中で、良くなっている患者は神経症圏の人です。フロイトは「催眠技法」から出発し、その後「前額法」を経て、「自由連想法」を技法として確立していきましたが、そうした技法の目的は「無意識の意識化」にありました。もともとフロイトの先輩のブロイアーが、後にドイツ最初のソーシャルワーカーになったと言われるアンナ・Oの治療を催眠技法によって行っていたのですが、日中忘れていた出来事を催眠技法によって思い出すことによって症状が軽快するということを、ブロイアーから聞かされていたわけです。フロイト自身は催眠術が不得手であったこともあり、後に自由連想法の創出にたどり着いたとも言われていますが、いずれにしろ催眠技法や自由連想法によって目論まれていたのは、日中は忘れている「外傷的な過去を思い出す」ことだったのです。言葉を換えれば、これは「無意識の意識化」ということですね。もっとも、当時のフロイトが無意識という用語で指していたのは〝昔の出来事の記憶〟であり、後に転移概念を見出したときのような〝関係性の記憶〟としての「反復強迫」の着想はありませんでした。

いずれにしろ、フロイトのヒステリー患者は〝思い出す〟ことによって症状が改善していきました。すなわち、「抑圧されたものの回帰」としての神経症症状が〝思い出す〟ことによって抑圧の呪縛から解放され、もともとの「ありふれた不幸」の姿に戻っていったわけです。フロイトの言う「ありふれた不幸」とは、願ってもかなわぬ道ならぬ恋であり、その起源を遡れば幼少期の異性の親に対する独占願望であり、断念するほかない人生上の性愛願望のことです。

さて、こうしてフロイトのヒステリー患者たちは「無意識の意識化」、言葉を換えれば「抑圧の解除」によってヒステリー症状から回復していったのですが、そういう原理的なやり方でうまくいくケースというのは、基本的に神経症圏の人たちなのです。神経症とは何かと言うと、自我に一定の強度があり、気づきたくないことに気づいても、それに耐えられる人たちなのですね。基本的に自己肯定感があり、健康な自己像を持っています。「あっ、自分のなかにはこんなに親に対する怒りがあったんだな」というふうに気づいたとしても、それを抱えられるのです。それは自我が安定し、良い自己像というこころの基盤があるから、悪い情動や考えに持ちこたえられるのです。言葉を換えれば、アイデンティティがあるわけです。「私は子ども好きだから保育士になりたい」「モノを作るのが好きだから大工さんになりたい」など、職業アイデンティティに繋がるような肯定的自己像があるのです。そういう人たちは、自分のなかのネガティブな情動に気づいても耐えられるわけですね。

そうした肯定的自己像やアイデンティティがない人たちは、自分のなかの強烈な攻撃性や依存欲求に気づくと、逆に自己像を悪くしてしまうという副作用がもたらされたりもするのです。「親に対する憎しみがあった」という自己への気づきは、神経症の人ならもう一方では親への愛着もありますので、それほど憎しみがひどいイメージにはならないのですが、パーソナリティ障害の人ですと、愛着がもともと乏しかったり、親との良い関係が希薄だったりしますから、憎しみや怒りが耐え難いことになってしまいます。「そんなことを思っている自分は死んだほうがいいんじゃないか」「そんな悪い人間は生きている資格がないんじゃないか」とか、そこまで極端になってしまうわけですね。現代では、そのような神経症レベルではないケースが増えてきたということです。ですから、自分に気づくことが、少なくとも一過的には状態を悪くしてしまうのですね。

フロイトの時代のように、精神分析や心理療法の出発点では、そこまで自我の弱い人たちを相手にしていたわけではないのです。精神分析は、神経症という、ある程度のアイデンティティの強度を持った人たちを相手にして始まったセラピーです。とりわけパーソナリティ障害というのは、基本的には第二次世界大戦後に登場してきた患者群ですが、それを従来の精神分析的心理療法の「無意識の意識化」や「抑圧の解除」をプライマリーとする方法論でいくと、自我が耐え切れずに、行動化や陰性治療反応が頻発することが起きてしまったのです。ですから、精神分析的心理療法というのは、もともとは自我の強度を備えた神経症者に対して、「無意識の意識化」という抑圧の緩和を目指す技法だったのですね。

ですから、私はパーソナリティ障害や境界例と言われる人たちが増えてきた頃に、臨床のキャリアを出発させましたので、「抑圧の緩和」という精神分析の原理的な方法論がそのままではうまくいかないということに、比較的早くから気づいていたかなと思っています。臨床のなかで、実際に患者が一過的にしろ状態像が悪くなってしまいますので、気づかざるを得なかったわけです。

その後精神分析は、「抑圧」ではなく「投影同一化」を多用する患者群である、精神病やパーソナリティ障害への理解を推し進めましたが、分析技法の原理としては、自由連想や解釈の基本軸を維持しています。ですが、日常臨床においては精神科を訪れる患者に対して、そのような原理的な技法で精神分析的心理療法を行うのが難しい場合は、少なくありません。それは、先にも述べましたように、分析技法の解釈に患者が耐えられず、陰性治療反応や行動化が頻発しやすいからです。分析技法というのは、原理的には週何回もの面接頻度を確保したうえで行われるものなのです。週一回や隔週一回程度の面接頻度では、患者はセラピストに抱えられている感が薄いので、心的苦痛にアクセスするようなアプローチには耐え難いことが少なくないのです。精神分析とは、あくまでも週何回も患者を抱え込んだうえでの面接技法なのです。つまり、精神分析とは、面接頻度から見れば〝丸抱え療法〟なのです。

ですので、日常臨床において、境界例や発達障害などの自我の脆弱な患者群にセラピーを行うには、さまざまな工夫や配慮が必要になると思います。それに関しては、すでに別稿（祖父江 2015, 2017, 2018：祖父江・細澤 2017）にて述べていますし、本書第3章でも、それらの考えをさらにブラッシュアップし、「内的マネジメント」の技法として詳述しています。

B 発達障害未支援例に見る、自我の脆弱群における生きることの困難さ

自我の脆弱な患者としては、精神病や境界例やパーソナリティ障害のほかに、今日では大人の発達障害の未支援例が増えてきています。彼らは大人になって初めて、職場不適応や学校不適応などの問題に突き当たりますが、それまでは勉強などの能力でカバーしていたり、人との関わりをあまり持たずに済んでいたりした状況のおかげで、問題が浮上しなかった人たちです。たとえば、非常に優秀な大学を出て、大きな会社に入ったり専門職に就いたりするまでは順調だったものの、結局そこでの人間関係でやっていけないとか、あるいは夫婦関係でやっていけないなどの理由で、精神科に来られるわけです。

そういう大人の未支援例は、二〇〇〇年代ぐらいから増えてきているように思います。これは心理の分野だけではなく、福祉の分野などでも、そういう人たちが非常に増えていると思います。たとえば、私の経験した未支援例の青年は、鉄道好きで、電車の運転士になりたくて仕方がなかったんです。電車が大好きですから。その一方で、いわゆる積極奇異型なものですから、人にすごく近寄っていくわけです。特に女性に一方的に好意を寄せ、「自分がこんなに思っていれば相手も好きになってくれる」みたいな、そういう思い込みが強くて、好きになられた女の子は困ってしまうわけです、付きまとわれたりして。あるいは、思うように相手になってもらえないと、キレてしまったりするんですね。

彼はとても鉄道が好きでした。電車の運転士になりたくてしょうがない。毎年何回も試験を受けるのです

が、滑ってしまう。つまり、運転士になれないわけです。そして、結局望む仕事には就けない、自分の思うような満足する仕事に就けない、ということになります。そうなると、現実のなかでの彼の欲望というか願望が満たされることは、非常に少なくなるのです。女性に相手にされない。相手の気持ちを考えることが難しく、一方的な思い込みだけですから好かれようがないのです。一方で、職業的にもうまくいかない。結局そうなると、何者にもなれないわけです。何者にもなれないけれど、生きていかなければならない。現実のなかで自分の願望が満たされなくても、生きていかなければならないのです。何が支えになって彼は生きる意欲を持てるのか、ということが大問題になります。

こうした生きていくうえでの困難というのは、もともと彼の責任ではありません。彼の特性は、持って生まれた素質ですから。積極奇異型は彼が好きでなったわけではないのです。しかし、そこから生きていくためには、彼は努力しなければならないのです。自分の持って生まれた特性を、何とかして現実と折り合いをつけていく必要があるのです。彼に押し付けられた課題は、人生の不平等さそのものですね。自分の責任ではなく生まれついた素質を、自分の責任で克服しなければいけないわけですから。異なる素質や環境に生まれついていれば、そんな苦労をしなくとも幸せになれたかもしれないのに。これはなんとも不平等な話です。しかも、彼にはそこそこの学歴もあるので、簡単な仕事では満足できない。しかし、満足できる仕事もできない。そういうなかで、引きこもるしかなくなっていくわけです。そうなると結局、生きる希望がなくなるのです。こうした困難例には、「生きる希望のなさ」というのがついて回ってしまいます。でも、彼は生きていかなければならない。そういう事例が増えてきています。

C 生きる希望のないケースに関して――「内的マネジメント」の視点

では、どのように、何を拠り所に生きていくのか。しかも、現実的な拠り所はあまりないのです。現実的な満足はなかなか得られないですから。「自己を知る」どころではないわけです。自己を知れば、絶望的な自己の状況しか見えてきません。「自分は何にも向いていない」「自分の思いは一方的だった」「自分は人とのコミュニケーションができない」などです。結局ダメダメな自己を知っていくだけになってしまうのですね。「自己を知る」という精神分析の命題が、結局は患者を追い込むことになってしまう。ダメな自己ばかりになってしまい、彼の生きる希望のなさに追い打ちをかけることになります。

ですから、そうした自我の脆弱で、生きること自体に希望の持てないケースに関しては、苦痛をもたらす「自己を知る」前に、「内的な良い自己」にこころを連結させていく必要があります。同じ「自己を知る」にしろ、まずは自己のなかの良い部分、自己肯定感や内的な心地良さを知っていく必要があります。良性のこころの基盤があってこそ、初めて苦痛も耐えられるものになるわけです。そのあたりの技法的工夫に関しては、「内的マネジメント」の観点から、本書第3章で解説していきたいと思います。

D 生きる希望のないケースに関して――〝欲望〟からこころを見る視点

精神分析では、「不安と防衛」の観点から人のこころの働きを理解していく傾向が、近年ますます強くなっているように思われます。たとえば、境界例の病理としての「見捨てられ不安」と、その防衛としての「投影同一化」、あるいは精神病における「破滅不安」と、その防衛としての「自我の断片化」等々、ほとんど定番化しています。そして技法として推奨されるのは、そのような内的不安や防衛機制の解釈です。たとえば、

「あなたが私に対する怒りを表現できないのは、私から見捨てられるのが怖いからなんですね」などです。

こうした「不安と防衛」の定式に則って解釈していくことは、もちろん正当な技法です。ですが、私自身は、自我が脆弱で生きる希望の見出せないケースが増えてきた昨今、「不安と防衛」の定式に添ってセラピーや支援を行うだけでは、事足りないと考えるようになりました。たとえば、見捨てられ不安の解釈にしろ、それはセラピストが見捨てない良い人であるという対象像の修正には繋がるかもしれませんが、必ずしも彼らの自己像の修正には繋がらないことも珍しくないからです。すなわち、「セラピストは良い人だが私はダメな人」「セラピストが良い人なのはわかったが、私は何もできない人」というように、自己像の修復には至っていません。このように、自己像が悪いままでは、「心的苦痛」を受け止めるに足るだけの良性の自我の基盤を形成できないばかりでなく、さらには生きる希望を見出すのも困難になります。言葉を換えれば、自我の基盤が脆弱な場合、「不安と防衛」の観点だけでは、生きる意欲をもたらすのは困難なのです。

もともと、フロイトの精神分析は、「欲望理論」でした。フロイトが発見したのは、「エディプス・コンプレックス」という人間のこころの暗闇です。エディプス・コンプレックスと言うと、いかにも学術的な面構えをしていますが、平たく言えば「近親相姦願望」です。異性の親と〝結ばれたい〟という願望ですから、近親相姦にほかなりません。それはいつの時代でも〝禁断の愛〟という欲望の形になり得ます。その後クラインが、さらに人のこころの暗部に探求したのは、「羨望」です。これも難しい用語が当てはめられていますが、平たく言えば〝母親殺し〟のおぞましい欲望です。「おっぱいをくれないなら殺してやる」という原始的心性ですね。ストーカーの心性に繋がるような、邪悪で一方的な破壊的愛情希求です。

このあたりのことは、第1章にて詳しく解説しますが、いずれにしろ精神分析は、人のこころの暗闇に〝邪悪な欲望〟を見出し、それを誰しも多かれ少なかれ持っている普遍的な欲望として定位したわけです。こうした精神分析の原点は、私自身は今日もっと強調されてもよいのではないかと思っています。なぜなら、その欲望が健全な欲望であれ、不健全な欲望であれ、人は欲望によって生きる実感を持てる生き物だからです。もちろん、邪《よこしま》な欲望の現実化や行動化を勧めているわけではありません。こころの中に欲望を体験すること自体が、それがたとえ邪なものにしろ、生きることの実感を充分にもたらしうると考えているのです。フロイトやクラインは、ある意味欲望を知ることの重要性を、私たちに教えてくれているように思います。

そうした観点を日常臨床のなかに活かすなら、たとえば見捨てられ不安は、単なる見捨てられ不安ではないかもしれません。見捨てられ不安の裏には、〝絶対に見捨てない対象への欲望〟があったり、はたまた〝見捨てられたい欲望〟さえあったりするという、違ったこころの次元が潜んでいることも珍しくはありません。前者の場合には、「あなたは絶対に見捨てない相手を、これまでずっと求めてきたのですね。そうすれば、愛されなかったというこころの苦痛が、すべて救われると思ってきたのでしょうね」と解釈することも可能です。こうした〝欲望〟解釈が、「あなたは私からも見捨てられると思って、私のことが怖いのでしょうね」という〝不安〟解釈と、ずいぶんと色合いを異にすることに気づかれるでしょう。自我の弱い人にとっては、欲望解釈のほうが〝気持ちに寄り添ってもらっている〟という感覚をもたらしやすいように思われます。まずは、患者自身が自らのこころの欲望や願いの声に耳を傾けることから、自己を知る途につく必要があるのです。

ですが、後者の〝見捨てられたい欲望〟という破壊的心性のほうは、そういうわけにはいきません。こころの闇が深い病理的なケースを見ていると、そうした欲望があると思わざるを得ないところがあります。親との関係の反復強迫として、「見捨てられ不安」が、マゾヒスティックな病理的快感にも繋がっていたりするのです。もしそうなら、患者はその病理的欲望を自覚していくことから、自分の生を実感することが始まるのかもしれませんが、いきなり〝見捨てられたい欲望〟を解釈するわけにはいきません。場合によっては、セラピストから攻撃されたと受け取られ、マゾヒズムの強化に繋がってしまうこともあるからです。この場合は、まずは、本書第3章で詳述する「内的マネジメント」の観点から、自我強化を図る手続きが必要となります。

E 日常臨床においてこころの暗部（病理）をどこまで洞察するか

さて、人間にはそのようなこころの暗部と言いますか、暗い欲望や邪な快楽があります。ですが、いきなりその病理的な欲望から自己を知っていくことは、自我の脆弱な患者にとっては耐え難いことです。日常臨床においては、まずは良い自己の内的感覚や肯定的な自己像から知っていく必要があります。これが、くり返しになりますが、「内的マネジメント」の観点ということです。その後、自己像の基盤が整えられたら、病理的な自己や邪な欲望を持つ自己を知っていくことは、生きることの実感に繋がっていくと思われます。

話はいささか横に逸れますが、私自身は個人のこころを見ていく視点も、政治や世界情勢を見ていく視点も、事象の暗部を見ていくうえではあまり変わらないように思っています。邪な欲望によって世の中は動かされています。「核廃絶」というスローガンを唱えながら、大国は核兵器の売買で大儲けをして、ほくそ笑んでいます。自国の利益になれば、テロ組織に兵器を売るのもやぶさかではないわけですね。人間は、邪悪なこころを持っているがゆえに人間なのでしょう。できるなら、そういう邪な自己を知っていったほうが良いと思います。自らのこころの暗部を知っていったほうが良いです。それは、「良心」の形成という道徳的な意味ばかりでなく、「悪い自己」を知ることが、生きることのエネルギーや、生きていることの実感をもたらしうるからです。ユンギアンの言う〝影を生きる〟に近いでしょうか。

そこから、その邪さを行動化するのではなくて、健全な欲望のほうに昇華していく道筋を唱えるのが、精神分析の健康観ですね。ですが、自我の脆弱な患者群にとっては、いきなり自己の悪い部分から知るのは、なかなかハードルが高いわけです。自己が潰れてしまうことにもなりかねないので、まずはそれに耐えられるだけの自我の基盤作りが必要になるのです。

「内的マネジメント」によって自我の基盤が整えられた後、どのようにこころの暗部に進むかに関しては、第3章の3、第4章で詳述します。

(4) 日常臨床におけるセラピストを取り巻く状況の変化

では次に、セラピストを取り巻く臨床状況の変化を簡単に述べます。それによって、精神分析的観点を日常臨床に活かすための工夫の必要性が、さらに明確になるのではないでしょうか。

A 個人面接における面接構造の変化

今日、日常臨床の多様化はひとしきり叫ばれるところですが、個人面接の領域においても、従来のように週一回、四十五分か五十分という面接枠が確保されることは、少なくとも病院臨床のなかでは減少傾向にあります。このあたりの事情は、CBTの台頭が大いに影響しているように思われます。愛知県の病院臨床状況ですと、三十分単位で面接枠が設けられ、ほとんどインターバルもなく次々と患者の予約が入れられている、という状況も珍しくないように思われます。あるいは二週に一度とか、月一度程度の面接も増えています。

このように個人面接においても、面接時間の短縮化、面接頻度の減少化など、とりわけ精神分析的心理療法においては聖域とされてきた面接構造自体も、変化を余儀なくされる時代になってきているのです。そのなかで、精神分析にどのような貢献が可能か問われるところですが、たとえ月一回面接だとしても、精神分析の人間理解を応用すれば、充分に対人支援に活かされうるものだと私自身は考えていますし、第4章でそれを例証したいと思っています。

B 心理臨床の現場の広がり

心理臨床の現場の広がりという点では、とりわけ公認心理師においては、従来の保健医療から福祉、教育、司法・犯罪、産業・労働まで、ずいぶんとその裾野を広げた活動が念頭に置かれています。たとえばスクールカウンセラーは、相談室ならずとも放課後に生徒からちょっと声を掛けられて臨機応変に話を聞くなど、日常臨床そのものなわけです。面接室の中で「では、今から五十分」など、そんなふうに確保された面接が可能なわけではないのです。柔軟性や機動性が必要になります。あるいは、不登校の子どもの家にアウトリーチして、本人には会えずに親だけ面談してくるなど、予測不能な現場での活動も日常的なわけです。

ですから、今後ますます面接構造のないところでの活動、アウトリーチ、短時間面接、デイケア、就労支援など、私たちを取り巻く臨床状況はこれまでとはずいぶんと変わっていくことでしょう。その流れのなかで、精神分析の原理的方法論はほとんど通用しなくなると思いますが、それでも精神分析の人間理解の観点は、私たちの日常臨床に充分豊かさをもたらしうるという点をお伝えするのが、本書の最大の目的です。それが、今後さまざまな現場に行くであろう公認心理師や臨床心理士などの皆さんの、働くうえでのやりがいに繋がれば何よりです。

では、いよいよ本論に入っていきたいと思います。

第1章

公認心理師のための精神分析の実践的基礎知識
――精神分析から見た人間の本性とセラピー論

ここでは、「精神分析から見た人間の本性とは何か」をテーマとしたいと思います。すでに述べましたように、精神分析は邪《よこしま》な欲望（禁断の愛）の解明から始まったのです。

第1節　フロイトの探索した人間の本性とセラピー論

1　エディプス・コンプレックス――快感原則としての近親相姦願望

エディプス・コンプレックスとは、平たく言えば近親相姦願望であり、禁断の愛なのです。人間にはそういう邪な欲望があるという話です。幼少期の男の子なら、お父さんを殺してお母さんと結びつきたいし、女の子なら、お母さんを排除してお父さんとくっつきたい、という無意識の根源的欲望がこころの奥に巣くっている、というわけです。フロイトはこのエディプス・コンプレックスを、当初はヒステリーの患者の治療を通して見出したのですが、後に年下の友人である耳鼻科医フリースとの往復書簡を通して、自らの夢分析のなかで自身のこころの奥に発見していきました。フロイトのすごいところは、自分のこころの中に存在するなら人類皆に存在するだろう、と普遍化していったところです。そのあたりの自信というか、自分にあれば誰にでもあるという、手前勝手と言えば手前勝手な話ですが、自信家ならではの発想ですね。

それはともかく、フロイトは、人のこころの奥に潜む邪な性愛願望がこころの病理の根源である、と提唱していったのです。この意味はとても大きいです。キリスト教倫理観でガチガチだった時代に、宗教倫理よりも内的世界の自由、しかも邪悪な欲望を人類普遍と宣言したのですから。

もちろんフロイトは、エディプス欲望の行動化、つまり近親相姦や禁断の愛を奨励しているわけではありません。そうではなくて、そうした邪悪な欲望を持つ自己を知ることにより、欲望を抱え、その「昇華」を考えているのです。それが、いわゆるこころの成長や、社会性や文化の発展に繋がるわけですね。たとえば、男の子なら母親と近親相姦関係になるのではなくて、「母親みたいなステキな女性と結婚しよう」という願望として向きを変え、向上心に繋がったりします。さらに、そもそも性愛願望自体、スポーツや勉学への好奇心にも向かったりします。それが欲望を昇華し、主体的自己として生きる健全性を切り開くのです。逆に言うと、自己の欲望が無意識に滞ったりしていると、衝動性の突発として行動化に繋がったり、神経症症状を招いてしまったりするということです。邪な欲望は、社会、文化に承認される形で昇華される必要があるのです。

さて、このようにフロイトは、人のこころは性愛という「快感原則」によって動かされると考えました。ですが、フロイトの見出した性愛的な欲望というのは、まだしも健全だったのです。禁断の愛にしろ、愛情志向なわけですから。ただ、その願望成就のためにはライバルが邪魔だという話です。ですから、ライバルを排除してしまえ、殺してしまえ、という邪悪さが際立ってくるのです。晩年フロイトは、もっと邪悪な欲望に突き当たります。

2 死の本能――快感原則の彼岸

フロイトは晩年、「死の本能」論を提唱します。死の本能という概念が初めて登場したのは、「快感原則の彼岸」(Freud, 1920) においてですが、その考想のきっかけとなったのが、第一次世界大戦の人類の残虐さや、セラピーにおける陰性治療反応などではないかと言われています。

第一次世界大戦は、人類が直面した初めての大規模な世界戦争でしたが、フロイトの息子たちも出征し、フロイトはその安否に、日々こころを痛めたと言われています。そうした世界大戦にまで至った人間の破壊性にフロイトは深く絶望し、死の本能論の概念の創出に繋がったと言われています。

もう一方の陰性治療反応は、臨床的な経験から導き出された概念です。すなわち、フロイトは精神分析を行っているうちに、「良くなっていいはずのときに悪くなる」という患者群に出会ったのです。フロイトの考えによれば、精神分析を正しく行い、解釈による自己洞察が進めば、患者は抑圧から解放され、こころの自由さと神経症からの解放がもたらされる、と考えていました。しかし、無意識の意識化が進む局面で、患者は良くなっていいはずなのに悪くなってしまうわけです。それに対して、フロイトは陰性治療反応という概念を提唱し、患者の破壊性の表れと概念づけたのです。すなわち、治療者に対する「羨望」や患者の「マゾヒズム」の表れ、ということです。前者に関しては、後のクラインの羨望理論にまっすぐに繋がっていますね。

陰性治療反応に関して補足すれば、たしかに患者のなかには、洞察が進むにつれて行動化が増えたり、病像が悪くなったりする人がいます。それは他所でも書きましたが (祖父江 2015, 2017 : 祖父江・細澤 2017)、洞察によって知るに至った自己像が〝耐え難い〟わけですね。ですから、陰性治療反応とは、その自我の耐え難さから生まれる〝自我の悲鳴〟みたいなものだと考えるとよいのではないでしょうか。すなわち、「私のこころの中にはこんなに醜い気持ちがあったんだ」「親に対する激しい恨みが潜んでいた」「愛情なんていらないと思っていたけど、こんなにも愛されることに飢えていたんだ」など、そうしたこころの真実に気づいてしまうわけです。その結果、それが自己像の悪化に手を貸したり、抱えきれない情動となって暴発したりして、行動化や病像の悪化に至るわけですね。

こうした陰性治療反応が起こりやすい自我の弱い患者は、神経症圏ではない人たち、すなわち精神病圏やパーソナリティ障害などの人たちです。おそらくフロイトも、臨床経験を積み重ねるうちに、時代の変化とも相まって、そうした患者に出会う機会が増えていったのではないでしょうか。境界例が注目されていったのは第二次世界大戦後ですが、すでに一九四〇年代頃より、精神医学においては偽神経症性統合失調症などの概念が提出され、その後の境界例論の嚆矢《こうし》となっていますので、フロイトがそれらの患者に出会っていたとしても不思議ではありません。

さて、フロイトは死の本能について、快感原則を超えたもの、すなわち「快感原則ではない本能」と定義しましたが、はたしてそうなのでしょうか。今日の複雑な倒錯病理を見ていくと、死の本能も快楽と結びついた破壊的快感の性質を帯びています。いわゆる攻撃性と快感が結びついたサディズム、マゾヒズムがそれに当たります。虐待、いじめ、DVなどはその典型でしょう。これらは、第2章、第3章第3節において詳述します。

3　フロイトのセラピーの実際

精神分析的心理療法の目指すところは、耐え難いこころの真実に近づくことです。耐え難い心的真実へのアクセスによって、こころの全体性と生きることとの実感の回復を目指しているのです。

(1) 耐え難い心的真実へのアクセス——エディプス・コンプレックス

すでに述べましたが、フロイトの発見した人のこころの奥にある耐え難い真実とは、エディプス・コンプレックス、すなわち近親相姦願望でした。平たく言えば、禁断の愛への願望です。かなえられない性愛その元をたどれば幼少期の異性の親への愛ですし、それが反復強迫され、セラピーにおいては恋愛性転移に発展するわけです。これらは皆、禁じられている邪《よこしま》な性愛願望なわけですね。人類のこころの底流には、エディプス王物語に示されているように、同性の親を殺し、異性の親と結ばれたいという人類普遍の愛欲が存在し、それがさまざまに形を変えて現実生活のなかで姿を現す、とフロイトは考えました。たとえば、日常的には不倫などはその典型なわけですね。他人の配偶者を寝取ろうとするわけですから。さらには、最近では、性虐待に見られるような近親相姦そのものも珍しくなくなってきています。フロイトは、そうしたこころの闇に潜む邪な欲望を認識し、健全な欲望として昇華していくことを考えたのです。そのために、自由連想法という技法を案出し、エディプス・コンプレックスの解釈による抑圧の緩和を目指しました。

では、フロイトの治療の実際を、簡潔に取り上げてみましょう。

(2) フロイトの臨床素材——エリザベート・フォン・R嬢

『ヒステリー研究』(Freud, 1895) からの素材です。

二十四歳の未婚女性であったエリザベートは、数年前から両足の疼痛や歩行困難に悩まされていました。フロイトが病歴を聞いていくと、三人姉妹の末娘であったエリザベートは父親っ子で、その父親が病に伏したので、父親の部屋で寝泊まりして熱心に看病していました。とても父親想いの献身的な娘だったのですね。看病のとき、父親の腫れあがった足をエリザベートの右足に乗せて包帯を取り換えていたのですが、エリザベートの右足の疼痛は、父親の足を乗せていた部位に生じたのです。その後父親は亡くなり、エリザベートは父親の看病からは解放されたのですが、右足の痛みは良くなるどころか、ますます強い痛みに発展したのです。

エリザベートには二人の姉がいました。二人とも結婚しており、二番目の姉は心臓の持病を抱え病気がちですが、優しい夫がいました。エリザベートの母親も眼疾患があり、次姉も持病があったので、エリザベートは次姉一家と共に避暑地に保養に出かけることもしばしばでした。ですが、父親の死後、初めて出かけた避暑地滞在のときに、これまでになかったほどの猛烈な足の痛みに襲われたのです。その後間もなく、妊娠中の次姉は心臓病で急死しました。エリザベートは、持病があるにもかかわらず二度も妊娠させた義兄に怒りを覚え、次姉の死後一年半、いっさいの交際を絶ち、母親の看病と自らの疼痛の保養に当たっていました。ですが、なかなか良くならないのでフロイトのもとを訪れたという経緯です。

フロイトは、この当時はまだ自由連想法を作り出していなくて、催眠法の名残である「前額法」という技法を採用していました。前額法とは、患者の額にフロイトの手を当て、「こうして私が手で押さえていると、今に思い浮かびますよ。私が押さえるのをやめた瞬間に、あなたには何かが思い浮かんだり見えたりするでしょう」という教示を与える、いわば記憶想起法だったのですね。エリザベートはそれに従って、次第に過去の記憶を想起していきます。たとえば、父親の看病をしているときに、実は近所の青年と夜会に出かけ、心ときめいたこと。しかし、帰宅後父親の容態が悪化し、罪悪感を覚えたことなどです。すなわち、エリザベートの右足の疼痛には、父親の看病を放り出し、恋にときめいた自らを罰するような意味合いも含まれていたのです。

前額法による想起によって、エリザベートの疼痛は徐々に良くなっていきましたが、まだ充分なものではありませんでした。依然として疼痛はくり返し出現していたのです。そのような時期にエリザベートが次に想起していったのは、避暑地での保養中の出来事でした。避暑地で次姉一家と過ごしているときに、エリザベートは次姉の結婚生活と自らの孤独の対比を痛感し、次姉と同じように幸福になりたいと思ったことを想起していったのです。フロイトは、エリザベートが孤独のなかで生きることを、悲痛なこととして感じているのだろうと推測しました。フロイトは次第に、エリザベートのこころの核心に近づいていったのです。しかし、まだエリザベートの病理に関する決定的な確信にまでは至りませんでした。

そのようななか、いつものようにエリザベートの分析を行っていると、隣室に男の足音が聞こえたのです。エリザベートは即座にその足音に反応し、「今日はこれでやめてくださいませんか。今、義兄がまいりまして私を捜しておりますから」と、フロイトに懇願したのです。フロイトはこのエリザベートの言動で、エリザベートの無意識の邪悪な欲望を確信しました。そして、味も素っ気もない科学的な態度で、エリザベートにこう告げたのです。「(次姉が死んだときに)これで義兄は元どおり身軽になったのだ。私は義兄の奥さんになることができるんだ」という想いが浮かんだはずだ、と。エリザベートはフロイトの解釈に対して、大きな叫び声を上げ、「そんなことはありません。そんな悪いことは、私にはできません」と抗《あらが》い、激しい足の痛みを訴えたのでした。

フロイトはその後、「誰も感情に対して責任を負うことはできない」「発病は道徳的性質を示す充分な証拠」と言って、エリザベートをフォローしています。さらには、エリザベートの母親に会い、義兄との結婚の可能性を探ったりなど、現実的な世話まで焼いています。エリザベートは、フロイトの解釈や母親に自分の秘密を漏らしたことなどについて腹を立て、その後フロイトの治療から離れたのですが、彼女は舞踏会で軽やかにダンスを踊るまで回復し、その後外国人と結婚したとのことでした。

(3) エリザベート・フォン・R嬢へのフロイト・セラピーのポイント

フロイトは『ヒステリー研究』執筆時にはエディプス・コンプレックス概念を見出していませんので、エリザベート症例もこの観点から説明していませんが、性欲動への禁止が働いて身体症状に転換したという、「防衛ヒステリー」の観点から解説しています。ですが、ここで言う性欲動は、義兄への道ならぬ恋ですので、エディプス・コンプレックスと同型と考えて差し支えないですね。エディプス・コンプレックスは禁じられた近親相姦願望であり、さまざまな禁断の愛に形を変えるわけですから。

さて、フロイトは前額法により、エリザベートの過去の記憶に遡っていくことに成功しました。そのなかで、エリザベートの義兄への邪《よこしま》な愛にたどり着いたわけですね。エリザベートは、フロイトの解釈に強い抵抗を示しますが、結局ヒステリー症状は治癒に向かったようです(もっとも、後日談によると、エリザベートは「フロイトの治療によって良くなったというのは言い過ぎだ」と言っているようですが)。

フロイトの治療が成功したとすれば、それはフロイトがエリザベートの「耐え難いこころの真実」に、アクセスしたことに成功したからです。言うまでもありませんが、ここで言う「ありふれた不幸」とは、エリザベートは義兄に対して恋心を抱いたが、それは禁じられた恋であり、現実にはかなうことのできない不幸な恋だ、ということです。しかし、それは私たちが現実を生きるうえで常に遭遇しうる、「ありふれた不幸」のひとつでもあるのです。ですが、その不幸に耐えることができれば、私たちはそのエネルギーを新たな目標に置き換え、違った形での恋心の成就や社会生活での活動に振り向けることも可能となるのです。

このようにフロイトは、「耐え難い心的真実」にアクセスする意義を明確に示しました。私たちのこころの健康さや成長の可能性は、自らの邪《よこしま》な欲望を知り、それを意識化し、望むらくは健全な昇華の道を切り拓くことにあるのです。フロイトの時代は、「性愛」が邪悪さの権化でした。ですが、次から挙げていくフロイト以降の精神分析家たちは、フロイトが晩年にたどり着いたさらに邪悪な心性である〝破壊性〟を、対象として取り組まねばならなかったのです。

第2節　クラインの探索した人間の本性とセラピー論

クラインは、フロイトの「快感原則の彼岸」の臨床概念を、最も忠実に受け継いだ分析家です。クラインは人間のこころの闇を「死の本能」、すなわち「羨望」と同定したのですね。「羨望」とは究極の破壊性のようなものです。愛する乳房ですら破壊しようとする攻撃的心性です。フロイトの提出した「死の本能論」は、クラインによって「羨望論」として、より臨床的な概念に形を変え、継承されていったのです。

1　快感原則の彼岸――〝母親殺し〟としての「羨望」

フロイトは人のこころの闇の解明として、エロス（性の本能）から始め、タナトス（死の本能）にたどり着いたのですが、死の本能論は思弁的な説明概念の域に留まっていました。陰性治療反応やマゾヒズムは、死の本能の派生物という臨床概念の装いを帯びてはいましたが、それとて説明概念的で、臨床的な説得力には欠けるきらいがありました。そこに、クラインが子どものプレイセラピーを素材に、死の本能の表れを「羨望」として実証しようとしたのです。クラインは、子どものプレイのなかに認められる母親の体内への攻撃的ファンタジーを、「羨望」に基づくものであると概念化しました。

羨望とは、先にも触れましたが〝母親殺し理論〟なのですね。愛する対象ですら〝愛をくれないなら殺してしまえ〟という、怖ろしい破壊的心性です。この点、フロイトの場合は〝父親殺し理論〟だったわけです。男の子の場合ですと、愛する母親を手に入れるために父親は邪魔なわけです。〝邪魔者は消せ〟という嫉妬の心理ですね。ですから、愛自体は手に入れたいので、愛自体に対する破壊行為ではありません。でも、羨望は愛の破壊を意味します。愛する対象ですら、自分に振り向かないなら殺してしまおうとする心性なのですから、殺人行為に及ぶストーカー心性と同じことですね。

このように羨望理論は、今日の人間関係の病理的現象を理解するうえでは、欠かせない理論のように思われます。それは、虐待、いじめ、ＤＶなどの病理的な人間関係の理解にはことさら必要な観点ですが、それに留まらず、今日の私たちの社会現象を理解するうえでも必須の観点のように思われます。なぜなら、今日私たちの社会は〝バッシング社会〟と言っても過言ではないからです。マスコミなどの報道においても、ちょっとした失言や不適切発言が報じられれば、正義の御旗の下にいかに多くの人々が断罪の刃を振りかざすことでしょうか。それが社会や権威に対する監視作用として必要なことは理解されますが、行き過ぎた場合も少なくないように思われます。その場合、正義の装いの下に有名人や権力者を貶《おとし》めたいという「羨望」が働いていたとしても、不思議なことではありません。

さらに臨床現場においては、虐待やいじめやＤＶなどの人間関係の病理的現象に、「羨望」は大いに関与しているように思われます。とりわけジョセフなどの現代クライン派によって明確化されていったのは、こうした攻撃性が強烈な快感を伴うという点です。羨望は究極的破壊性とされるものですが、その破壊性には快楽が伴っているということなのです。

たとえば、いじめ、虐待、ＤＶなどの暴力には、いじめて楽しむという快楽性があります。先ほどのバッシング社会の例でも、バッシングして楽しんでいる面があるわけです。そうした人間の邪悪な心性を見定めることは、とても重要です。なぜなら、自らの邪悪さを知ることによって、初めて行動の抑制が利くからです。邪悪な欲望を否認すると、快楽によってのみ突き動かされ、エスカレートしていくのは、薬物嗜癖に限ったことではありません。人間関係でも嗜癖化するのです。余談ですが、今日いじめ対策には文部科学省の唱えているような道徳教育も必要かもしれませんが、本来はいじめて楽しんでいる自己を認識するのが先決かもしれません。そこを認識してから、もう少しましな楽しみ方がないものかという、自己の振り返りや反省にも繋がるのではないでしょうか。

話を戻しますが、クラインは、こうした羨望や攻撃性が激しくなるのは母親側の養育の問題ではない、と考えました。もともとの生得的な要因だと唱えたのです。この点をとらえて、クライン理論は環境側の要因が無視されている、という批判はよくなされるところです。ですが、その批判は必ずしも当たっていません。クラインは環境側の愛情の大切さを、至るところに書き記しています。ただし、羨望が強くなるのは幼児側の生得的な要因である、環境側に問題があるために羨望が強くなるわけではない、と考えたのですね。あくまでも生得的な問題であるということです。

逆に言いますと、クライン理論は、環境側に愛があることを前提にした理論と言っても過言ではありません。なぜなら、対象は良いものであるのにそれが悪く見えているのは、羨望に基づく投影のなせる業である、という考え方だからです。対象が本当に悪いこともあるという考えは、クライン理論には含まれていないのですね。ですから、クライン理論に対する批判ポイントとしては、環境側の要因を考慮していないという点ではなくて、環境側の良さが前提になっているという点です。環境には愛があるのは当たり前で、それを受け取れないとしたら幼児側の羨望のなせる業という理論構成だからです。

ですが、対象側の愛を前提とするこの理論は、今日では不完全でしょう。なぜなら、今日の虐待やいじめなどの事例を見るまでもなく、対象側が実際に悪いという例のあることは、論をまたないからです。対象側が〝善〟とは限らなくて、〝悪〟であることも珍しくない世の中です。その点を考慮に入れずに、被害的不安を患者やクライエントの投影としてばかり見なすと、彼らにとって、とても酷な見方になってしまいます。

2 早期エディプス・コンプレックスと羨望

クラインは羨望を、「早期エディプス・コンプレックス論」とも関連づけました。フロイトのエディプス・コンプレックスよりもさらに早期に、エディプス・コンプレックスを想定したのです。早期エディプス・コンプレックスとは、母親との二者関係をベースにし、そのなかに部分対象関係の三者関係を見出すという考え方です。たとえば、乳児が乳房を充分に与えられずフラストレーションに晒《さら》されたとき、乳児は母親の体内の子ども、ペニスなどが、母親の乳房を貪り楽しんでいるという無意識の空想を抱くとしたのです。すなわち、母親は乳児以外の「第三の対象」と結合して、乳児を排斥しているという構図です。したがって、乳児はそれに対して激しい怒りを募らせ、母親の体内に対する攻撃的空想を繰り広げる、というのです。

さらにクラインは、乳児が成長すると、母親と父親がお互いの性を貪り合っているという、「結合両親像」という無意識的空想を発展させると考えました。結合両親像は、単に両親が性的に結びついているばかりでなく、乳児の怒りが投影されることも相まって、サド・マゾヒスティックにお互いを貪り合うおぞましい姿ともなり、乳児は結合両親像から激しく報復されるという恐怖心を抱く、というのです。すなわち、乳児にとって結合両親像は、早期エディプス・コンプレックスの頂点に位置づけられる、被害的心性の極致なのです。

さて、早期エディプス・コンプレックスとフロイトのエディプス・コンプレックスとの相違ですが、フロイトのほうは、異性の親を同性の親と奪い合うという愛を巡る三角関係、すなわち嫉妬の構図です。クラインの場合は、嫉妬ではありません。母親は体内のペニスや子どもと結びついていたり、父親とおぞましい性的な結合をしていたりなど、乳児は守られるどころではなく、排斥されているわけです。それゆえ乳児はそれらの対象へ総攻撃を仕掛け、さらにそれが同害報復を生むという〝報復の連鎖〟のような激しい憎しみ合いが展開します。これらはあくまでも無意識的空想の話ですが、フロイトのエディプス・コンプレックスとは異なり、早期エディプス・コンプレックスは結局のところ〝破壊に次ぐ破壊〟という様相を呈します。もはや〝愛の物語〟どころではないわけですね。

もっとも、クラインによると、そもそも乳児が排除されているという空想を抱くこと自体が、乳児の羨望に拠るわけです。乳房を思う存分吸い尽くしたいという貪欲な欲望が存在し、それがかなえられぬ不充足感が羨望を強め、母親や母親の体内のペニスや子どもに対して激しく攻撃を加えるわけです。ですから、早期エディプス・コンプレックスのもとになっているのは、愛する対象ですら充分に乳房を与えてくれなかったら殺してしまおうとする、「羨望」なのです。羨望こそ〝母親殺し〟の元凶であり、早期エディプス・コンプレックスという極度の被害的心性のもとでもあるのです。

このように、嫉妬は、愛する対象を手に入れようとするための攻撃性であり、羨望は、愛する対象ですら殺してしまおうとする攻撃性です。まさにストーカー心性なわけです。クラインは、「自分のことを愛してくれないなら殺してやる」という邪悪な欲望が人間にはある、と言ったのですね。すなわち、フロイトが見出したものよりも、さらに恐ろしい人間の本性が見出されたのです。

3　クラインのセラピーの実際

(1) 耐え難い心的真実へのアクセス——羨望の解釈

クラインは最も正統にフロイトの治療技法を受け継いでいる、と自認していました。すなわち、中立性を守り、解釈に徹するという治療技法です。フロイトの娘のアンナ・フロイトは、教育や環境調整を盛り込みましたので、確かに実の娘よりもクラインのほうが、フロイト技法の正統な継承者と言えるかもしれません。

クラインは、フロイト由来の自由連想法と解釈技法を忠実に実行することで、こころの闇に潜む「羨望」を明らかにしていこうと考えました。すなわち、投影同一化によって対象側に投じられていた羨望を自己の側に引き戻し、自らの羨望によって対象像が歪んでいたことを認識し、申し訳なさという「償いの念」が生じることを、セラピーの目標としたのです。

クラインはもともとは子どものプレイ分析から出発したのですが、ここでは大人の臨床素材を取り上げてみましょう。

(2) クラインの臨床素材——抑うつ的で分裂的な特徴を持った壮年期女性

『羨望と感謝』(Klein, 1957) を見てみましょう。

職業的成功を収め、人間関係でも快活で、人の役に立とうとする誠実さを持つ壮年期女性が、抑うつを訴え、クラインの分析を求めてきました。すでに長い期間分析は続けられ、いくらかの進展はありましたが、はかばかしくはなく、分析治療に対する疑念が再三表明されます。やがて強い感情の高揚や、クラインに対する激しい対抗心が浮上してきました。その頃にこの患者が見た夢です。

夢1：魔法の絨毯で空中に浮かび、木の頂の上の充分な高さから、ある部屋の中を窓を通して覗くことができた。その部屋では一匹の牛が、どこまでも続いている細長い毛布のようなものをむしゃむしゃ食べている。

クラインはこの夢に関して、この女性がクラインのことを無神経な牛のような女と見なしており、細長い毛布は、何の値打ちもない分析者の解釈だと感じている、と理解しています。なかなかクラインらしい、攻撃性に焦点を当てた切れ味のある理解ですね。この理解をクラインが実際にこの患者に伝えたかどうかは、はっきりしません。

この夢の後、間もなく報告されたであろう夢2です。

夢2：階段の一番下にいて、自分との間に何かひどくまずいことが起こっている、ある若い夫婦を見上げていた。彼女は羊毛の糸玉をその夫婦に放り投げた。これを患者は「良い魔法」と語り、その連想からは、毒による魔法を使ったあとでは、どうしても良い魔法を使う必要が生じてくるのだと言った。

クラインは、夢のなかの夫婦に対する嫉妬と羨望の底には、母親へのそれがあると考えます。夢のなかの糸玉（良い魔法）が夫婦のところまで届かなかったのには、患者の償いの念がうまくいかなかったことを表している、と解釈したのです。その後、患者はこれまでなかったほどの深い抑うつに陥り、自己の中で分裂排除されていた羨望が、セラピストを傷つけ貶《おとし》める原動力になっていたことを悟ります。彼女は自らの内側に潜む羨望を、人の役に立つ人柄という自己理想化によって防衛していたのですが、今ではその理想化は崩れ、自分自身への不信感が生じます。分裂排除されていた母親への攻撃性も意識化され、母親への忘恩への気づきへと進展していったのです。

（3）壮年期女性患者へのクライン・セラピーのポイント

クラインは精神分析において、邪《よこしま》な欲望としての攻撃性や破壊性の意識化を重視しています。すなわち、自己のこころの破壊性の認識をセラピーの肝に据えているると言ってもよいでしょう。なぜなら、それら破壊性が自己に受け入れ難いがゆえに対象のなかに投影され、妄想分裂ポジションの「迫害不安」を招くからです。迫害不安は、重篤なものならば精神病性不安の根底を成していますし、パーソナリティ障害などのより病態の軽いものにおいても、対人不信の根を築いています。クラインはその中心技法としてフロイトを忠実に受け継ぎ、もっぱら自由連想と解釈によって、無意識の意識化を図ろうとしたのです。

上記の臨床素材においても、クラインは、社会性も誠実さも備わっている壮年期女性のこころの内側の羨望を、明らかにしようとします。この患者は、社会性や快活さの裏側に埋もれている羨望によって真に人と関わることができず、遷延するうつ症状に悩まされていたのでした。長い分析治療の経過のなかで、羨望はとうとう、クラインに対する激しい対抗心や陰性治療反応として頭をもたげてきます。クラインは患者の夢のなかに羨望の〝証拠〟を見出し、解釈していきます。その解釈はクラインらしく単刀直入で、ある意味手厳しくもありますが、患者は自らのこころの沼に沈む邪《よこしま》な欲望としての羨望に気づき、以前の病的なうつではなく、「償い」としての抑うつ心性にたどり着きます。償いの念は、愛情を注いでくれた母親に対する忘恩の念や、セラピストであるクラインに対する〝申し訳なさ〟にも繋がり、この女性は人としてのこころの健全さを手に入れる途に就いたのです。

このように、クラインのセラピーは、羨望や破壊性の解釈による意識化や、意識化されたことで生じる健全な罪悪感としての「償いの念」の生起を目標としています。すなわち、自らの攻撃性によって対象を傷つけた〝申し訳なさ〟を体験しうるところに、健康や成熟の根拠を置いたのです。

ただし、こうした〝申し訳なさ〟や「償いの念」が生じるためには、「健全な超自我」の存在が当てにされます。なぜなら、羨望を向けていた対象は、愛する対象でもあるからこそ〝申し訳ない〟という気持ちが生じるからです。そこには対象への愛に基づく「健全な超自我」が働いています。これが、もし対象への想いが羨望の念によってのみ支配されているとしたら、申し訳なさは生じないどころか、現代のストーカー病理のように、「愛が得られなければ殺してやる」という手前勝手な支配欲によってのみ、激しく突き動かされてしまうことでしょう。

そうした意味でクラインの精神分析は、羨望を分析の俎上《そじょう》に載せれば、次には対象への愛に基づく「償いの念」が自然なプロセスとして生じてくる、ということを前提にしているところがあります。ですが、現代の病理は、さらに厄介な攻撃性の時代に突入しているかもしれません。なぜなら、羨望を意識化したとしても、それがすぐには「償いの念」へと進展せず、破壊性の領野に滞ってしまうことも珍しくはないからです。そのあたりの消息は、ベティ・ジョセフが論じた「攻撃性の性愛化」という倒錯病理を検討するなかで（第3章第3節）、さらに明確にしたいと思います。

第3節　ウィニコットの発見した人間の本性とセラピー論

ウィニコットの人間観は、クラインの破壊性よりも、さらに早期の原始的心性を視野に収めたものです。

1　快感原則の彼岸――原初的分離（自己‐対象喪失）

ウィニコットは独立学派ですので、攻撃性や破壊性はフラストレーションに対する二次的な反応だという考え方です。その点、クラインとは明確に違います。クラインは、羨望の強さは生得的なものと考えましたが、ウィニコットはそもそも羨望の存在すら否定的です。あくまでも環境側の世話のいかんによって、二次的な反応としての攻撃性の多寡は決まる、という考え方ですね。ウィニコットや独立学派は、攻撃性や破壊性の問題に関しては、環境側の問題と考えました。

ですが、ウィニコットの真骨頂は、攻撃性よりもさらに早期の分離の問題に着目した点にあるでしょう。すなわち、ウィニコットはクラインとは違い、快感原則の彼岸として、攻撃性ではなく「原初的分離」を中心テーマとして見据えました。

では、「原初的分離」とは何でしょうか。通常、分離として含意されるのは「対象喪失」です。ですが、ウィニコットの視野の範囲はそれに留まりません。ウィニコットは対象喪失に留まらない「自己喪失」をも視野に含めたのです。

フロイトが「悲哀とメランコリー」(Freud, 1917)で、「対象の影が自我に落ちる」という詩的なフレーズとともに、失われた対象への攻撃性が自己に向きを変えるという、うつ病論を提唱して以来、「対象喪失」の観点からうつ病は論じられてきました。ですから、うつ病と言えば、潜在する攻撃性を扱うのが基本技法として、精神分析のなかでは定着してきたのです。さらに、境界例やパーソナリティ障害においても、対象喪失は中心テーマです。すなわち、「見捨てられ不安」は対象の愛を失う不安ですから、対象喪失が中心テーマとなります。

このように、従来、精神分析では対象喪失に関しては検討が積み重ねられてきており、分離と言えば、「対象喪失」のことを指したのです。そこにウィニコットが「原初的分離」を唱えたのは、まさに画期的なことであり、その後の精神分析に大きな影響を及ぼしました。彼の考えを端的に記した箇所を引用してみましょう。

なお、次の引用は、タスティン(1972)からの孫引きです。ここでタスティンは、引用の出典をウィニコットの *Collected papers: Through paediatrics to psycho-analysis.* (1958, Tavistock Publications, pp.222)と示していますが、実際にはウィニコットの著作の該当箇所に、タスティンが引いた文章は載っていません。したがって、ウィニコットが本当にタスティンの示しているような考えを記載しているのかは不明ですが、ここに解説しているウィニコットの考え方に関しては、タスティンのウィニコット理解に多くを拠っていることをお断りしておきます。

たとえば、子どもがそれに対処するだけの力を持つほどの情緒的な発達水準に達する前に、分離が生じたときに、喪失は乳児から見れば、口のある部分が母親や乳房と一緒になくなってしまうことかもしれない。何カ月か後に母親の同様な喪失が起こっても、それは主体の部分喪失の要素を加えることなく、対象

の喪失となるだろう。　　　　　　　　　　　　　　　　　　　（Tustin, 1972）

ここでウィニコットは、最早期の分離に言い及んでいるのであり、この考え方は後の自閉症臨床のタスティンらに受け継がれ、クラインの言う妄想分裂ポジション以前の心的段階が想定されるに至りました。すなわち、「口のある部分が母親や乳房と一緒になくなってしまう」という原初的自己－対象喪失の心的段階が想定され、その原初的な喪失に対処する防衛として、「附着同一化」という自閉症の表層的な防衛機制が生じるというのです。附着同一化は、タスティン以前にすでにメルツァーが論じており、他者を表層的に真似したりくっついたりすることで、対象との破局的な分離を防衛しようとする無意識的防衛機制です。大人でも自閉特性を持つ人は、気に入った相手に対しては物理的距離感が近かったり、大げさに賛意を表したりなど、いかにも表層的な関わりをする人がいます。そうした場合、他者の言動への内実を伴う賛同というよりも、いかにも表層的、感覚的にくっつきたがっているような印象を与えるものです。

このように附着同一化とは、対象との表層的な感覚的一体感によって、自己の喪失を防衛しようとするものです。自閉特性を持つ子どもたちのこだわりを見ていても、風車がくるくる回る感覚刺激に魅せられたりして、感覚的な要素が強いことが見てとれるでしょう。附着同一化とは、そのような感覚的で表層的な要素が強い同一化なので、内実の伴う同一化とは言い難いのです。

さて、ウィニコットの提出した「原初的自己－対象喪失」の考え方は、自閉症圏ならずとも、臨床的にはとても有用な概念のように思われます。というのも、従来パーソナリティ障害の領域でも、分離と言えば、対象喪失の不安を中心に扱ってきたきらいがあるからです。すなわち、見捨てられ不安です。対象から見捨てられる、対象の愛が得られなくなることへの不安です。したがって、パーソナリティ障害圏ですと、見捨てられ不安の解釈が中心技法として用いられてきました。ですが、見捨てられ不安を扱い、対象の良さが認識されたとしても、自己の良さが認識できずに、「先生は良い人だけれど、私はダメな人」という構図がいつまで経っても変わらなかったりすることも珍しくありません。そこには、自己喪失とまではいかなくても、自己の良さや自己存在感の希薄さという問題が大きく係わっています。

このあたりの肯定的な自己像の獲得のテーマに関しては、本書第3章、第4章で詳述しますし、拙著（祖父江 2015）でも取り上げましたのでここではくり返しませんが、ウィニコットの自己喪失の視点は、主体性や自己像の強化を考えるうえで大事な視点であることを、押さえておきたいと思います。

2 「原初的没頭」と「ほぼ良い母親」——環境論

ウィニコットは、これらの原初的分離がもたらされるのは、あくまでも環境側の世話の問題に拠る、と考えました。ウィニコットは、絶対依存期における母親側の乳児に対する「原初的没頭」によって、幼児の「身体の中にこころが棲む」（Winnicott, 1958）といった存在感の基盤が形成されると考えました。ですが、そのホールディングに失敗し、「想像を絶する不安」として分離が体験されると、精神病不安がもたらされるとしたのです。このようなウィニコットの考え方は、精神病においてすら「精神病は環境の欠損病である」（Winnicott, 1965）という発言を招き、環境側の世話や母親の養育を強調するあまり、精神病の患者の母親を苦しめたとも言われます。ですが、クラインとは対極的に、母親側の養育態度の重要性を強調した最初の分析家と言ってもよいでしょう。

ちなみにウィニコットは、絶対依存期の次の時期を、「相対依存期」と名付けました。この時期の環境側の失敗を「侵襲」と概念化し、「本当の自己」の成長を阻害する「偽りの自己」という、対象への迎合的なパーソナリティ形成に繋がる失敗である、と考えました。この相対依存期においては、母親は「ほぼ良い母親」として機能することが求められます。ウィニコットはここでも、環境側の世話の役割を最重要視しています。

このように、ウィニコットは早期母子関係などの概念をもとに、自己の形成プロセスの障害を環境側の失敗である〝外傷的分離〟に拠る、と主張したのです。

3　ウィニコットのセラピーの実際

(1)　耐え難い心的真実へのアクセス――「遊ぶこと」

ウィニコットのセラピーは、型にはまらない極めて独創的なものと言ってもよいでしょう。すでに述べたように、ウィニコットは、耐え難い心的真実は快感原則の彼岸である「原初的分離」に拠る、と考えました。最早期の環境側の世話の不充分さによって、対象との早すぎる分離感や、それに伴う自己喪失感がもたらされる、ということです。自己喪失とは対象喪失よりもさらに怖ろしい喪失です。自分の存在感が不確かになってしまうわけですから。

そのセラピーとしてウィニコットが重視したのは、まずは「退行」です。ウィニコットが「無統合のこころ」と名付ける、乳児のこころの状態にまで退行することです。そこから新たに生まれ育つことが必要である、とウィニコットは考えています。ウィニコットは子どもにおいてはそれを、「遊ぶこと」によってもたらそうとしました。現実には、乳児の「無統合のこころ」の状態にまで退行することは困難ですので、「遊ぶこと」を介して象徴的に退行し、〝自己の再生〟を試みようとしたのです。

ところで、ウィニコットは「遊ぶこと」に関して、次のように述べています。

遊ぶことにおいて、たぶん遊ぶことにおいてだけ、子どもも大人も自由に創造できるということだ。

(Winnicott, 1971)

ウィニコットは、フロイト - クライン由来の洞察や現実認識という、精神分析の原理的な考え方を強調しません。それよりも、「遊ぶこと」を通しての「創造性」の展開を重視します。したがって、精神分析ならではの考え方である、現実受容のプロセスとしてのモーニング・ワークに関しても、次のように述べています。

現実受容という課題は決して完成されないし、内なる現実と外なる現実を関係づけるという重荷から、人間は解放されることはない。そして、この重荷からの解放は、正当性が問われて挑戦されない体験の中間領域によりもたらされる（芸術、宗教等）ということである。この中間領域は、遊びに〝我を忘れている〟小さな子どもの遊びの領域へと、直接繋がって連続しているのである。

(Winnicott, 1971)

すなわちウィニコットは、モーニング・ワークは生涯にわたる営みであり、完遂されるものではない、と言っているのです。しかも、モーニング・ワークを現実受容の認識論的な観点からとらえるのではなく、子どもの遊びに接続する文化、芸術の領域において創造的に昇華されていく営みである、という観点を打ち出しています。この観点は、現実認識に伴う重苦しさから私たちを解放します。私たちは、自らの無意識を知ることにより、多かれ少なかれ重苦しい自己のネガティブな側面に直面します。ウィニコットは、その〝ネガティブ〟を「遊ぶこと」「昇華」することによって、私たちの生に〝ネガティブを生き抜く〟実感をもたらそうと考えているのです。

ですが、〝ネガティブを生きる〟ことは「遊ぶこと」という語感がもたらす楽しさとは裏腹に、苦痛を伴うものでもあります。ウィニコットは決して心的苦痛を避けようとしているわけではありません。苦痛は苦痛として、目を逸らすことはありません。すなわち、次の臨床素材に見るように、ウィニコットは〝苦痛を遊ぶ〟という逆説を〝生き抜く〟ことを目指しているのです。

(2) ウィニコットの臨床素材——愛情剥奪による盗みの八歳女児

『子どもの治療相談面接』(Winnicott, 1984) からの事例です。

三人姉妹の次女であるルースは、学校での盗みや成績低下を心配され、ウィニコットのもとに連れてこられます。こうした背景には、母親が気管支拡張症やリュウマチ様関節炎などの三つの病気を持ち、三歳下の妹を出産後、うつ病にて一時的に入院したことが関係していました。母親は数週間精神科病院に入院し、ルースのことをネグレクト状態に置き、ルースは愛情剥奪に晒《さら》されたのでした。

ルースはウィニコットの治療相談面接においてすぐにくつろぎ、ウィニコットの提案に従って、スクィグルを何枚も描きました。なお、以下の図の下に「DW→ルース」とあるのは、ウィニコットのスクィグルにルースが絵を描いたものであり、「ルース→DW」は、ルースのスクィグルにウィニコットが絵を描いたものです。

図は Winnicott, D. W. (1984) *Therapeutic Consultations in Child Psychiatry*. Karnac Books. pp.318-329. からの転載です。

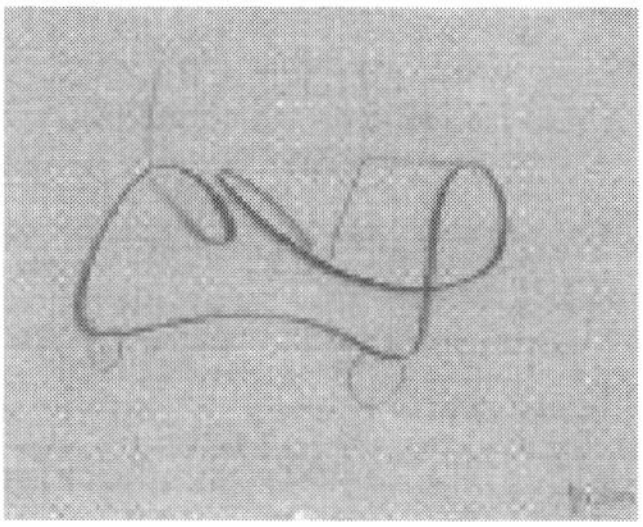

図1　DW→ルース「乳母車」

図3　ルース「三つの人形」

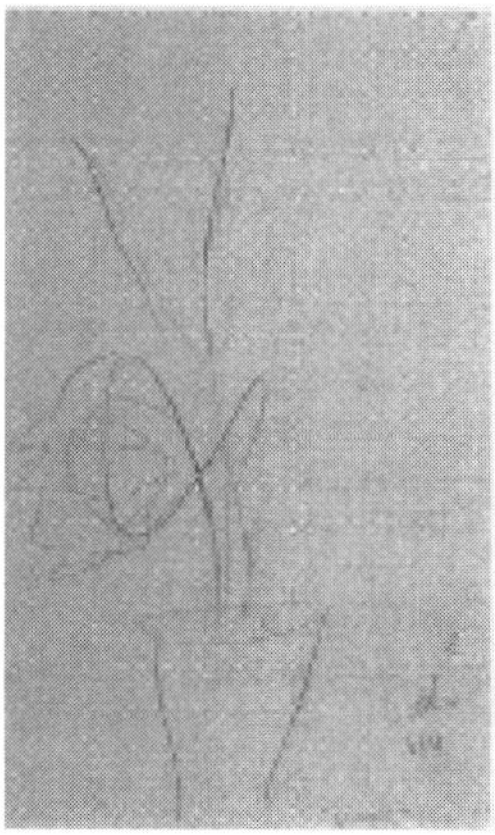

図2　ルース→DW「ゼラニウム」

A DW→ルース「乳母車」（図1）

ルースは自分の乳母車を描き、三つの人形を持っていることを話します。「私はそれさえあればいいの」とルースは言いました。

B ルース→DW「ゼラニウム」（図2）

ルースのスクィグルを、ウィニコットは植物に変えます。彼女はそれを「ゼラニウム」と名付けました。

C ルース「三つの人形」（図3）

ウィニコットは、図1でルースが話した三つの人形を描くように求めます。ルースは、「私、なんとかやってみるわ」と、戸惑いながらも描き始め、左からローズマリー、ジュディス、ポピーを描きます。ウィニコットが「お父さんとお母さんの、どちらになりたいの」と聞くと、ルースはためらいなく「お母

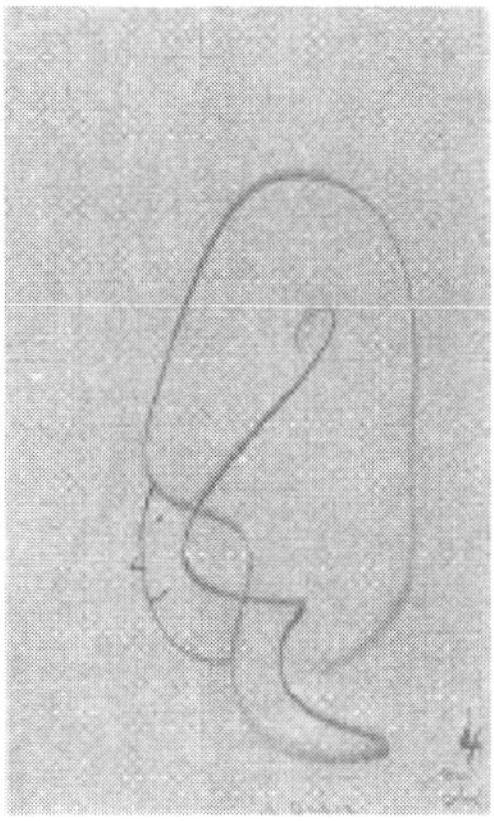

図4　DW→ルース「ある人」

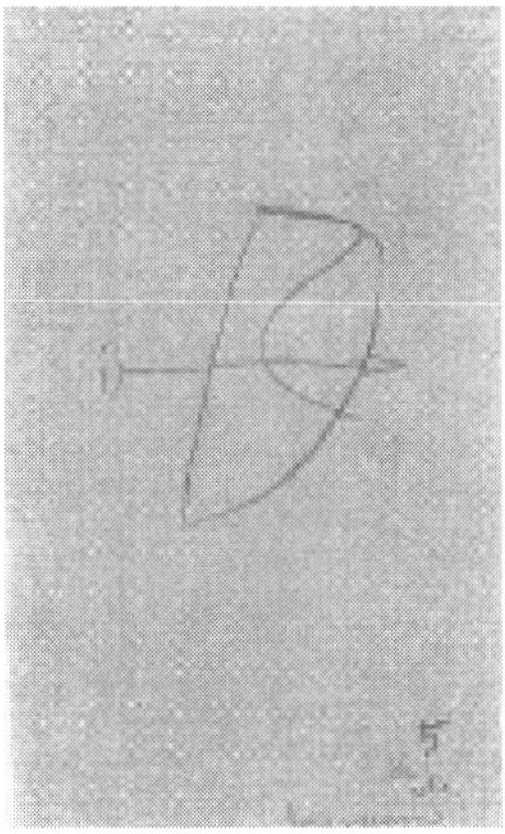

図5　ルース「弓と矢」

図6　DW→ルース「蝶」

さん」と答え、「私はできるだけたくさん子どもがほしいの」と付け加えます。ウィニコットはこの絵に関して、ジュディスの家族の絵であると見立て、真ん中のジュディスがルースを表していると考えます。ですが、ジュディスの下肢は変形しているので、変形した下肢を持つ母親との同一化が示され、さらには、ジュディスの両手もないように見える点に関して、急に発病した母親の無力さを表現していると見なしています。

D　DW→ルース「ある人」（図4）

ウィニコットのスクイグルに対して、ルースは「ある人」を描きます。

E　ルース「弓と矢」（図5）

ルースが自らのスクイグルに、一人で描きます。彼女は「これ、わかるよ」と言って、弓と矢を描きました。

F　DW→ルース「蝶」（図6）

ウィニコットのスクイグルを、ルースは「蝶」に変えます。その際ルースは、トイレを取り付けに来た男に庭をめちゃく

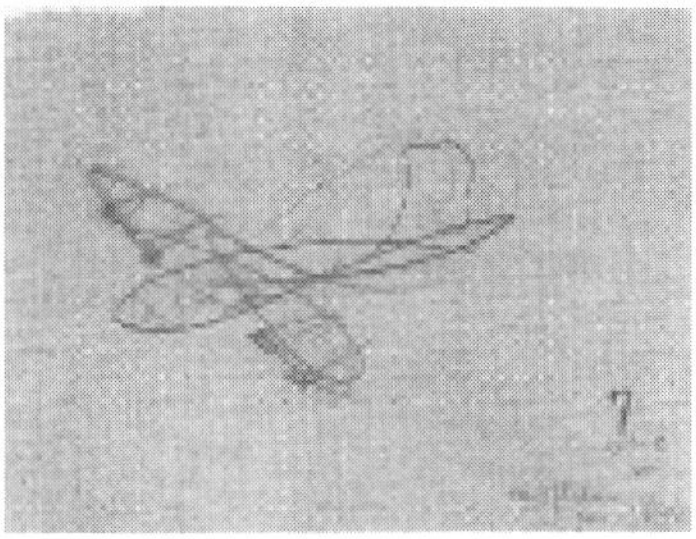

図7　ルース→DW「飛行機（ハエ）」

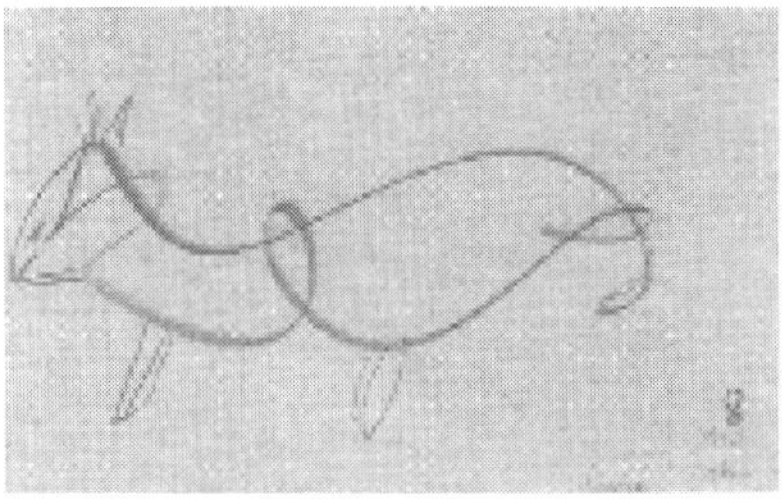

図8　DW→ルース「馬」

図9　ルース→DW
「動物（きりん）」

ちゃにされたことを、ウィニコットに話します。ウィニコットは、「男というのは扱いにくい生き物だからね」と返しています。ウィニコットは、「ルースと遊びながら、ただおしゃべりをしているだけ」と記しています。

G　ルース→DW「飛行機（ハエ）」（図7）

図7では、ルースのスクィグルに、彼女がそのまま続けて描いてしまわないように、ウィニコットは急いで引き寄せて自分が描き、ゲームに熱中していることをあえて示しています。さらに、ウィニコットは飛行機のつもりで描いたのですが、ルースはそれを「ハエ」だと言いました。

次第に、スクィグルのやり取りが生き生きとしてきています。

H　DW→ルース「馬」（図8）

ウィニコットの描いたスクィグルを、ルースは馬に変えます。ルースは、この絵に満足した様子を見せています。

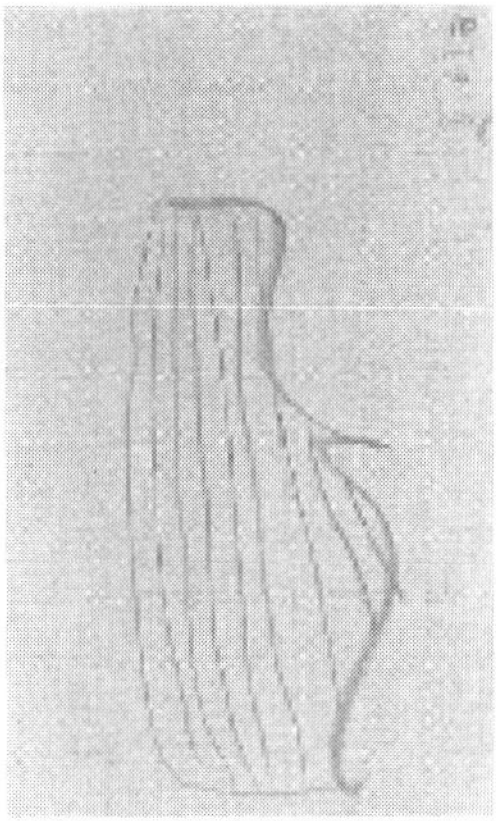

図10　DW→ルース
「ハープ」

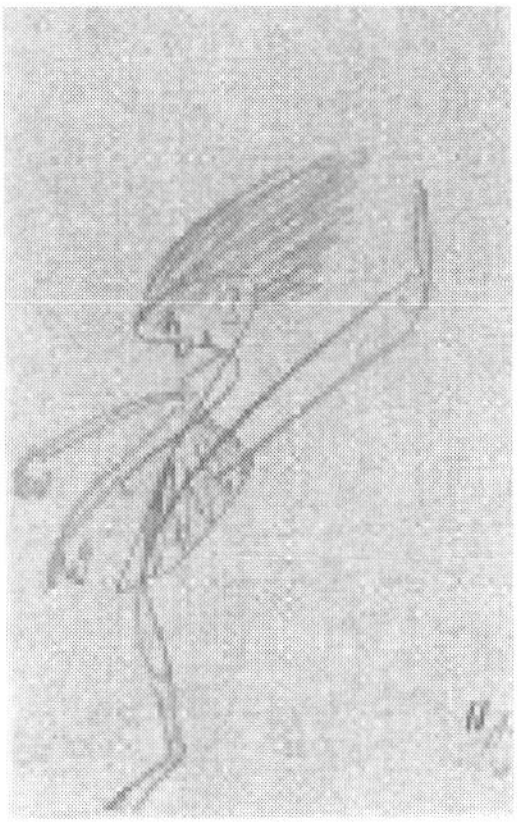

図11　ルース→DW
「踊っている人」

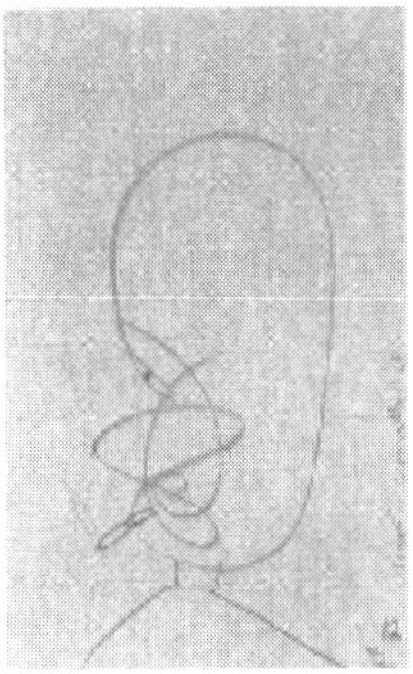

図12　DW→ルース
「女の人の頭」

I　ルース→DW「動物（きりん）」（図9）

ルースのスクィグルに対して、ウィニコットは動物を描きます。この絵をルースは、「きりん」と呼びます。

J　DW→ルース「ハープ」（図10）

ウィニコットのスクィグルに対して、すぐにルースは「わかった」と反応し、「ハープ」を描きます。描きながらルースは、リコーダーを吹くことについて話します。リコーダーは、ルースの座っている傍の柵に立てかけられていましたが、彼女は「使いたいとは思わない」と言います。

K　ルース→DW「踊っている人」（図11）

ウィニコットは、ルースのスクィグルを、「踊っている人」に変えます。とても生き生きとした人物像です。

L　DW→ルース「女の人の頭」（図12）

ウィニコットのスクィグルに、ルースは「女の人の頭」を描きます。最初ルースは、女の人が舌を突き出す絵にしていまし

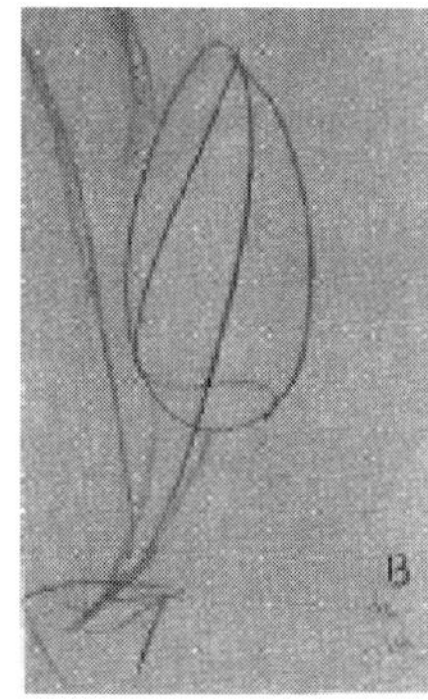

図13　ルース→DW「植物」

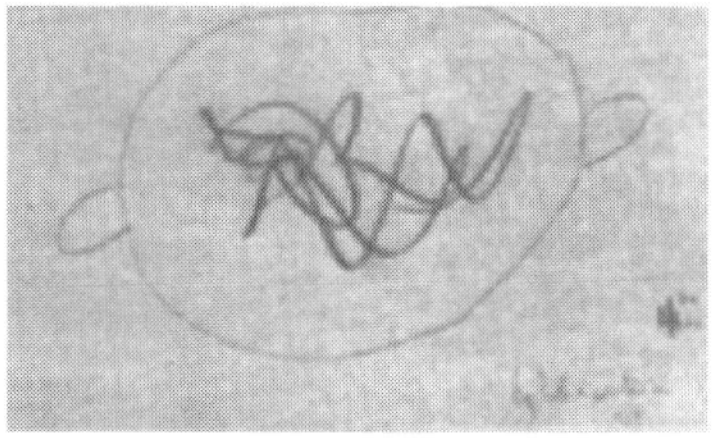

図14　DW→ルース「桶に入っている水」

たが、舌をタバコに書き換え、より上品な絵にしました。

M　ルース→DW「植物」（図13）

ルースのスクィグルに、ウィニコットは「植物」を描きます。この際ルースは、ウィニコットにキャンディをくれ、「スクィグルが好きだ」と答えたので、ウィニコットは信頼が確立されたと判断し、図14で大胆なスクィグルを仕掛けます。

N　DW→ルース「桶に入っている水」（図14）

ウィニコットは意図的に、めちゃくちゃのスクィグルを描きます。ルースはその周囲に桶を書き加え、ウィニコットの描いたスクィグルが、桶に入っている水のごとく見えるようにします。

ウィニコットは、ルースのこの絵にはパーソナルな空想が入り込んでいると判断し、さらに大胆に、内的な空想に入っていくために、「おかしな夢、恐ろしい夢」を見たことがあるか尋ねます。その結果、描かれたのが図15の絵です。

O　ルース「夢で見た光景」（図15）

ルースはウィニコットの問いかけに対して、「私の夢はほとんど同

図15の絵からの抽出部分

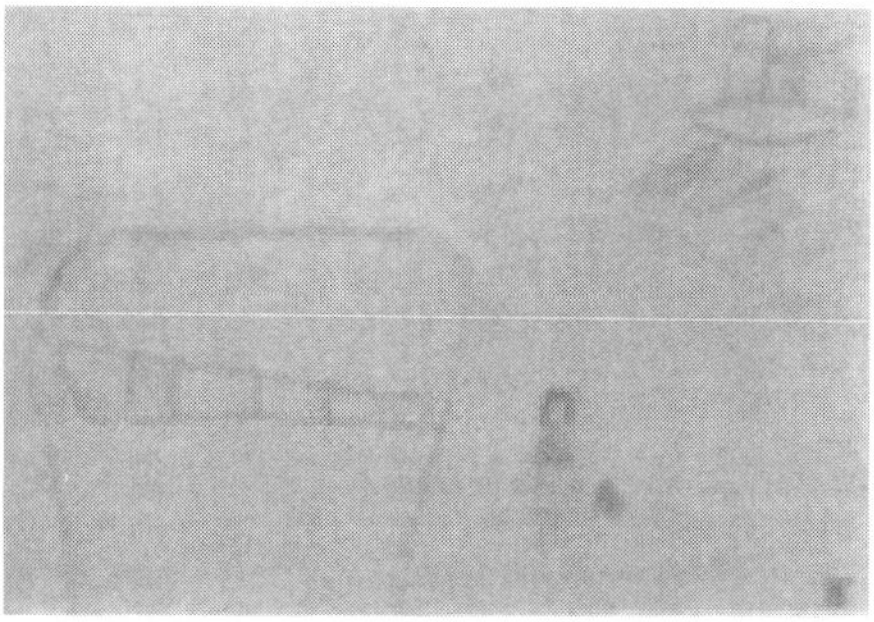

図15　ルース「夢で見た光景」

じなの。毎晩夢を見るわ」と言います。さらに、夢を図にして説明したいと言って、大きな紙を一枚取り、それに描きます。図15では、大昔の船が水とともにやってきて、妹を抱きかかえた足を悪くする前の母親とルースが、急いで逃げています。ルースは、赤ちゃんの妹のために、ベビーフードやいろいろな品物を持って逃げています。そこに、帰宅した父親が車で船に体当たりし、船を粉々にしました。ルースは、「すると、水が全部引いていったの。こんなふうに、夢は良い終わり方をしたの」と話します。

図15の母親の口は微笑みを表し、ルースが母親に駆け寄っています。生まれた赤ん坊にベビーフードを与えて母親を助けることで、ルースは母親みたいになれると思ったのだろうと、ウィニコットは解釈しています。実際に、ルースが悪い子になってしまい、盗みをするようになったのは、母親の妊娠終期でした。最初に盗んだのは、ベビーフードの缶詰です。次には、ベビーフードの缶詰を買うために、お金を盗みました。それが癖になってしまったのです。

さて、この絵は楽観的で救われた夢だったので、ウィニコットは同じ夢の悲観版があるだろうと当たりをつけ、ルースに最悪の場合を描くように求めました。その結果が図16です。

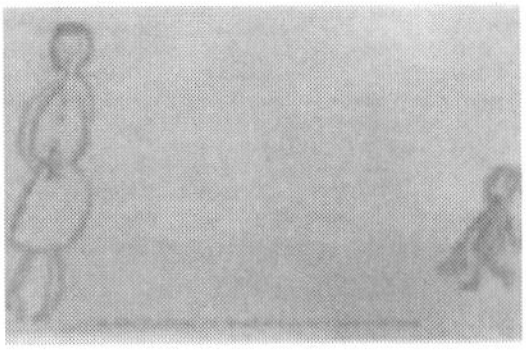

図16の絵からの抽出部分

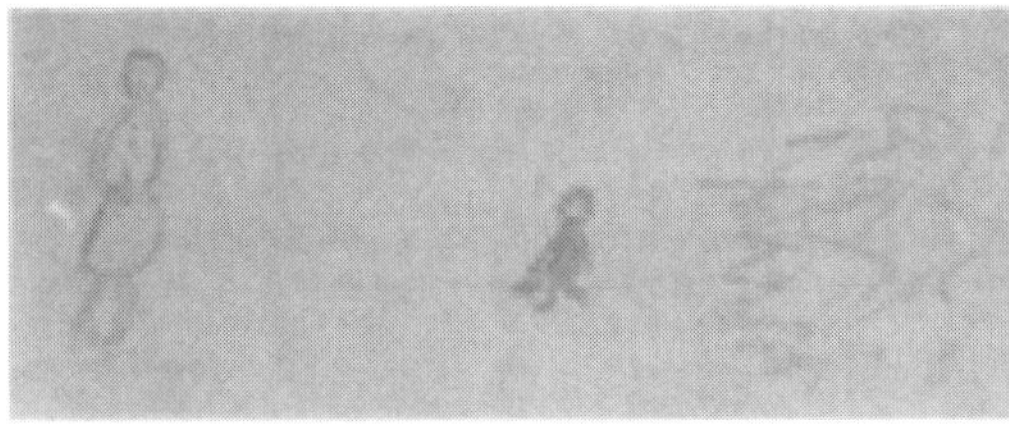

図16　ルース「小さくなった赤ん坊と毒の海」

P　ルース「小さくなった赤ん坊と毒の海」（図16）

この絵には赤ん坊を抱いた母親が現れますが、描きながらルースは、赤ん坊が小さくなっていき、しかも海には赤ん坊を縮ませる毒が入っており、ルースは母親からどんどん離れていってしまう、と答えました。ウィニコットはこの絵によって、ルースが深刻な分離と絶望感の表現を示してくれたと理解します。母親の口は直線的に描かれ、うつ病を表し、毒の入った水で赤ん坊は縮まっていました。ルースは、「だから、私は一生懸命食べなければならなかったの。毒が消えたとき、また私は太ってきたの」と話します。ここで、ウィニコットは本質的なテーマに慎重に話を持っていき、「今まで物を盗ったことがあるの？」と尋ねます。ルースは初めて正直に、「小さいときにやったわ。よくベビーフードを盗んでいたの。私が自分で食べたの。特に赤ちゃん用の桃の缶詰が好きだったの」と答えます。

ウィニコットは、ルースの愛情剥奪は、母性的で食べ物を与える人物像に彼女が同一化することによって、母親の妊娠と妹の誕生に対処できるのではないかという希望を持っていたが、そのポジティブな同一化が崩れたときから、盗みが始まったと理解します。すなわち、ポジティブな母親機能に同一化することに失敗し、病気の母親というネガティブな母親に同一化することによって、盗みが始まったというのです。

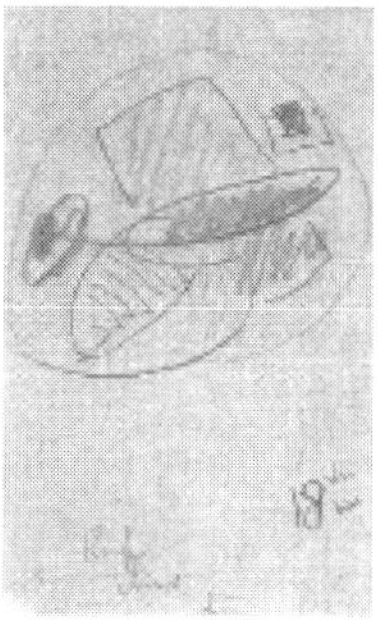

図18　ルース→DW
「パンを添えた食べ物の一皿」

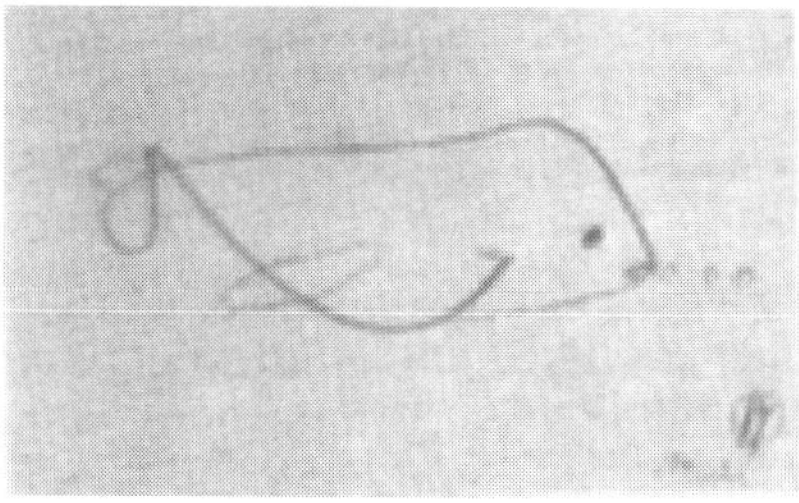

図17　DW→ルース「魚」

Q　DW→ルース「魚」（図17）

ルースの絶望感と、それがもたらした盗みという苦痛な感覚が、絵（図16）に表現されたので、面接が終了する前に、ルースをこころの表層に連れ戻すために、さらに二つほどのスクィグルを行いました。ウィニコットのスクィグルに対して、ルースは「魚」を描いています。

R　ルース→DW「パンを添えた食べ物の一皿」（図18）

ルースの描いたスクィグルに、ウィニコットは皿を書き加え、さらにパンを添えた食べ物の一皿にします。こうした一連のスクィグルが、愛情に飢えたルースに対する〝象徴的な食べ物の提供〟であったとも考えられるところです。ウィニコットがそれを意図していたかどうかは、ウィニコット自身のコメントはありませんので不明です。

さて、この一回の面接で、ルースは盗みの強迫や嘘をつくこともなくなり、五年後も問題のない成長を遂げていました。ウィニコットは、治療相談面接という支持的な設定のなかで、愛情剥奪を感じたり、絶望感に襲われたりした感覚を描き出すことにより、それらの怖ろしい感覚を充分に意識化することができたので、ルースの盗みは直ちに消失したのだろう、と振り返っています。

(3) 八歳女児へのウィニコット・セラピーのポイント

この一連のスクィグルのやり取りに見るように、ウィニコットはスクィグルを相互にやり取りして楽しみながらも、次第にルースの「心的苦痛」に迫っていきます。ウィニコットは、スクィグルによってパーソナルな関係が確立されてきたと見るや、「おかしな夢、恐ろしい夢」を見たことがあるか、とルースのネガティブなこころの側面に踏み込もうとします。ウィニコットは、単に楽しく遊ぶことを目的としているわけではないのです。そこで目的とされているのは、〝ネガティブを遊ぶ〟という逆説的な営みです。ここにウィニコットのプレイの真骨頂があり、単なるサポーティブ・セラピーとは、截然《せつぜん》と一線を画しているのです。

ルースは、ウィニコットの求めに応じ、十六枚のスクィグルを描きます。この絵は、ルースの愛情剥奪という心的外傷の〝絵による再演〟と言ってよいでしょう。ルースは、うつ病の母親によって深刻なネグレクトにあい、それに対して妹のベビーフードを盗んでまで自らを養わねばならなかった深刻な絶望感を、絵によって表現することが可能となったのです。このことをウィニコットは、「八歳のルースは、彼女が愛情剥奪された子どもになったときの苦悩を想起し、開放することができた」(Winnicott, 1984) と述べています。

ウィニコットは、ルースが帰る前に彼女をこころの表層に連れ戻し、安全に帰っていけるように、さらに二つほどのスクィグルを描きます。驚くべきことに、これ以後ルースの盗み癖は消失し、学校での適応にはまったく問題がなくなりました。さらに驚くべきことに、この治療相談面接は、たった一回なされただけなのです。一回のセラピーでこれほどの改善がもたらされたことも驚きですが、ウィニコットのセラピーにおいては、こうしたことは決して珍しいことではないのです。ウィニコットがセラピーの天才と見なされたことも、むべなるかなです。

ただし、本項の目的は、決してウィニコットの天才を褒め称えるところにあるわけではありません。ウィニコットは遊びを通して楽しむという、単なるサポーティブ・セラピーを実践しているわけではなく、遊ぶことを通して「心的苦痛へのアクセス」を図るという精神分析の真髄を決して外してはいない、という点を強調しているのです。「最悪の場合」を描くように求めるウィニコットに、精神分析家としてのウィニコットのスタンスを、きっちりと目撃することができるでしょう。

ウィニコットは、フロイト由来の「耐え難い心的真実へのアクセス」が、人のこころの健康になくてはならないエッセンスであることを、私たちに示してくれているのです。しかも、「遊ぶこと」を通してという、独自のセラピーのスタンスを維持しながら。

第4節　ビオンの探索した人間の本性とセラピー論

1　快感原則の彼岸――「不在の乳房」（良い対象の不在）

ビオンの人間観は、性愛理論ではなく、やはり快感原則の彼岸をテーマとしました。それが、「不在の乳房」と銘打たれた「良い対象の不在」を指しています。

「不在」をテーマとしたところがビオンの真骨頂ですが、その不在は攻撃性の問題というよりも、ウィニコットと同じく、やはり原初的分離の問題からもたらされると、ビオンは考えているように思われます。ビオン理論は難解ですので、安易な要約を寄せつけないところがありますが、できるだけ簡便に説明を試みましょう。

まず、ビオンの重視した「心的苦痛」に注目してみます。心的苦痛は、「言い知れぬ恐怖」という表現で言い換えられてもいます。すなわち、乳児は母親からの充分な授乳や世話を与えられないときに、母親との繋がりのなさを破局的に体験し（「連結することへの攻撃」）、言い知れぬ恐怖に晒《さら》される、というのです。ここでビオンが言っているのは、母親との良い体験の不在が、耐え難いほどの「心的苦痛」である〝分離感〟をもたらす、ということです。

ビオンは、「対象が不在でなければ問題はどこにもない」（Bion, 1965）と言いました。すなわち、「不在の乳房」とは、母子関係における良い関わりの「不在」であり、それが乳児のこころに「心的苦痛」をもたらし、それが過度になれば破局的なまでの〝分離の痕〟を刻印づける、ということです。

ですが、ビオンは必ずしも環境論を唱えているわけではありません。というのは、ビオンはそもそも乳児のフラストレーションに対する欲求不満耐性、すなわち「心的苦痛」に耐える力を、乳児側の素因として重視もしているからです。その乳児側の要因と母親側の要因の兼ね合いによって、健康な成長の成否が決まってくる、ということです。

ここでは、ビオンが攻撃性というよりも、人のこころの病理の根底に、「不在の乳房」という〝良い対象との連結の不在〟を見ていたことを、押さえておきたいと思います。そこには、ウィニコットと一脈相通じるような、早期の発達における原初的分離の視点がうかがえるのです。

2 コンテイニング論と複眼の視点

(1) コンテイニング論——素質論と環境論の統合から双方向性理論へ

ビオンのコンテイニング論は良い対象としての母親側の機能を指し、ウィニコットのホールディング論と似ています。ここでその異同を論じるのは本筋ではありませんので詳しくは触れませんが、簡潔に言えば、主として、ウィニコットのほうは身体レベルの世話も含めた母親側の関わりを指し、ビオンのほうは情緒の理解などの心的水準での母親側の関わりを重視していると言ってよいでしょう。

では、ビオンは一体、どのように乳児をコンテインすることを考えているのでしょうか。それが、良い対象の不在がもたらす「心的苦痛」への対処と係わることなのです。

ビオンは、心的苦痛は二通りの道をたどると考えました。一つは、乳児の自我が強いか母親のコンテイニング機能が適切ならば、心的苦痛は「お母さんは今はいないんだ」という不在の認識に落ち着きます。すなわち、心的苦痛は消化され、思考に変形され、良い対象の不在という辛い現実にも耐えられる力を持つようになるわけです。しかし、乳児の自我が弱いか母親のコンテイニング機能が低ければ、心的苦痛は適切に思考されず、「お母さんは意地悪をしておっぱいをくれないんだ」という迫害的な感じ方に陥ります。すなわち、「不在の認識」という健全な思考には至らず、被害的思考と化すのです。この場合、成長するにつれ、「自分なんか愛されるわけがない」という被害的心性が増悪し、場合によっては精神病的な被害妄想の根を形成する可能性が生じます。

このようにビオンは、乳児の素質とともに、母親側のコンテイニング機能を重視しました。ここで言う母親のコンテイニング機能とは、親鳥が雛鳥にえさを与える前に、自分の口の中で咀嚼《そしゃく》して、解毒してからえさを与える所作と似ているかもしれません（祖父江 2017）。「不在」は、強烈な毒素として、時に乳児のこころを侵食するからです。そうならないためには、母親は自らのコンテイニング機能によって、乳児の分離感を「言い知れぬ恐怖」として正しく感受し、「お母さんがいなくてとても怖かったのね」と解毒して、乳児に伝え返す機能を果たさねばなりません。それによって、乳児は母親と再び「連結」し、破局的な分離感から救われることでしょう。

その後、ビオンのコンテイニング論は、コンテイナー／コンテインド論と称されていくように、母親側の良い関わりの在不在の問題ばかりでなく、乳児と母親との双方向性の交流の視点を色濃くしていきます。すなわち、母親が乳児を一方的に育てているわけではなく、乳児の側も母親を育てる役を自ずと果たしているというのです。すなわち、母子の関係性は双方向的だということです。このことをビオンは、「♂⇕♀」のような記号で表現します。♂がコンテインドである乳児を表し、♀がコンテイナーである母親を表します。ビオンの好む抽象的な表現ですが、要するに母子関係は、母親側だけが子どもを育てる役割を果たしているのではなく、見方を換えれば、乳児の側も母親に育児の満足感をもたらすようなコンテイニング機能を提供している、というのです。すなわち、ビオンはコンテイニング機能の双方向性を強調しているのです。

このように、ビオンのコンテイニング論は、クラインの素質論とウィニコットの環境論を併せ持った、素質と環境の統合的視点から出発し、その後乳児と母親のコンテイニング機能の双方向性の視点を打ち出すに至りました。今日、ビオンのコンテイニング論は、精神分析のみならず、広く心理療法において受け入れられた概念として定着しています。

（2）複眼の視点――心的現実の複眼視

「複眼の視点」というのは、ビオン言うところの「体制」によって超自我化している定説に対して、「神秘家」の縛られない発想によって定説を打ち壊し、新たな可能性を見ていくような視点を指します。喩《たと》えて考えるとしたら、病理を病理として見るばかりでなく、そのなかに新たな可能性を見るような視点です。一方だけの見方に偏らないということです。その点で、精神分析理論自体、「体制化」しやすい性質を有しています。すなわち、精神分析も定説化してしまうと、そこから新たな可能性が生まれ出ることもなく、皆が信奉して疑わない「超自我」として心理療法を支配します。スプリッティング理論など、その好例かもしれません。もちろんスプリッティング理論自体は、こころの病理を読み解く理論や技法として有用なものですが、そこにあまり縛られると、「スプリッティングを解釈していない」というような定型的な批判が生じることになります。

ビオンは、精神分析理論に関して、次のように表現しています。

> 精神分析の理論というのは、空にいるひばりを「飛び上がることも下りることもできなくて、キーキー泣き叫んでいるすずめ」であると信じるのと、本質的には変わりません。（Bion, 1994）

これはどういうことかと言いますと、少年の目からすると、中空でさえずる習性を持つひばりは、上に行くことも下に降りることもできなくて、困って泣き叫んでいるすずめに見えるのではないか、ということです。ですが、大人の理論というか定説からすると、ひばりというのは中空で鳴く習性を持つ鳥である、ということになります。つまり、少年の理論も大人の定説（精神分析理論）も、一つの仮説であることには変わりはないではないか、はたして優劣が付けられるものだろうか、とビオンは問いかけているのです。

次のくだりは、さらに明確な主張となっています。ビオンは、クライン派の総帥であるハンナ・スィーガルの象徴等価物理論をおそらく念頭に置いて、次のように述べています。

> 精神病者は次のように言うでしょう。かわいそうな奴。奴はブラームスのバイオリン協奏曲だと思っている。典型的な正気の見方だ。もちろんまったく違っている。でも、奴は不幸なことに正気なんだ。
>
> （Bion, 1994）

ブラームスのバイオリン協奏曲を弾いているソリストは、公衆の面前でマスターベーションしている、と考える思考の在り方は精神病的であり、スィーガルはその具象思考を「象徴等価物」と概念化しました。それに対してビオンは、「公衆の面前でマスターベーションしている」と見なす精神病者の思考は、単に具象思考として片付けられて良いものだろうか、そこには原始の思考の萌芽が含まれていないだろうか、と疑問を投げかけているのです。

こうした視点は、精神病思考への安易な肩入れではないことはもちろんです。ビオンは、精神分析の「超自我化」に対して一石投じようとしているのです。精神分析が超自我化してしまったら、それは私たちの臨床を硬直化させ、奥行きのある視点を奪ってしまうことにもなりかねません。奥行きのある新たな可能性を見ていく視点が「複眼の視点」であり、後期ビオン理論がとみに強調しているところでもあります。詳しくは、拙著（祖父江 2010）を参照ください。

3　ビオンのセラピーの実際

(1) 耐え難い心的真実へのアクセス――「コンテイニング論」

ビオンの治療論と言えば、すでに述べてきたように「コンテイニング論」が代表とされるものでしょう。その肝となっているのが、「言い知れぬ恐怖」あるいは「心的苦痛」への眼差しです。それは次に見るように、精神病者の精神分析においても変わるところはありません。

(2) ビオンの臨床素材――統合失調症成人男性

「統合失調症理論に関する覚書」(Bion, 1953) から、五年間分析を続けている統合失調症者の分析でのやり取りです。

患者：私は顔から皮膚のちっぽけな一片を取り除いた。それでまったく空っぽな気がしている。
ビオン：皮膚の小さな切れ端は、あなたのペニスです。あなたはペニスを引き千切ったのです。あなたの内部のことはすべてそれで起こったのです。
患者：私にはわからない……ペニス……単なるつづり……
ビオン：あなたは私のことば「ペニス」を、音のつづりにまで分裂させました。それでそのことばに意味をなくしたのです。
患者：ペニスがなんの意味かわからない。でも、私は言いたいんだ。「つづることができないなら、考えることだってできない」

ビオン：そのつづりは、今ではアルファベットにまで分裂させられています。あなたはつづることもできない。つまり、アルファベットを再び寄せ集めて、単語を作ることもできない。だから、今ではあなたは考えることができないのです。

一見、荒唐無稽なやり取りが交わされているように見えますが、ここで注目したいのは、ビオンの解釈が何に焦点を当てているかということです。ビオンは言っています。「あなたの内部のことはすべてそれで起こったのです」と。ビオンが〝それ〟という言葉で焦点化しようとしているのは、何でしょうか。その答えのヒントは、ビオンが使っている解釈のなかにあるでしょう。すなわち〝切れ端〟〝引き千切った〟〝分裂させ〟〝なくした〟〝分裂させられ〟〝考えることができない〟などの言葉です。ビオンは〝切断〟や〝剥奪〟を表す心的事象に、焦点を当てているのです。翌日の面接で、このことはさらに明らかになります。

患者：私は興味のある食べ物を見つけることができない。

ビオン：あなたは食べ物を全部平らげたと感じていますね。

患者：新しい服を買うこともできない気がするし、私の靴下は穴だらけだ。

ビオン：昨日皮膚の小さな断片を取り除いたことで、あなたは服さえ買うこともできないほど、ひどく痛めつけられました。あなたは空っぽで、服を買う術もありません。

患者：服は穴だらけだけれども、私の足を締め付けるんだ。

ビオン：あなたは自分のペニスを引き千切ったばかりでなく、私のペニスも千切りました。だから今日は、興味のある食べ物が何もありません。ただ、穴と靴下しかありません。でも、その靴下さえ穴だらけです。皆あなたがやったことです。穴は一緒に合わさって、あなたの足を締め付け、飲み込み、傷つけるのです。

ここでは〝剥奪〟の具象として、〝穴〟のテーマが明瞭に打ち出されています。これは〝切断〟や〝引き千切った痕〟としての〝穴〟です。

ビオンは、精神病者の具象思考や妄想思考のなかに〝剥奪の痕跡〟を見出し、それを病者とともに見ていこうとする視点を提示しているように思われます。このことは何を意味しているのでしょうか。次項で検討したいと思います。

（3）統合失調症成人男性へのビオン・セラピーのポイント

ビオンは、精神病思考のなかに〝剥奪の痕跡〟を見出そうとしました。はたして〝切れ端〟〝引き千切った〟〝分裂させ〟〝なくした〟〝分裂させられ〟〝考えることができない〟などの惨劇が生じた後、どのような心的事態が訪れるというのでしょうか。次のように考えることが可能でしょう。

ビオンは、妄想分裂ポジションレベルでの剥奪がもたらす〝喪失感〟、すなわち〝抑うつ〟を扱おうとしているのです。妄想分裂ポジションのなかに〝抑うつの痕跡〟を見ようとしているのです。たとえば、同じくだりをクラインならこう解釈するのではないでしょうか。「あなたの羨望によって、大事な皮膚は顔から取り除かれてしまったのです」。理解としてはそのとおりでしょうが、ビオンは羨望という「破壊性」に焦点を当てるのではなくて、剥奪という〝痛み〟に寄り添っているのです。ここにビオンの真骨頂があるように思われます。ビオンは、自らが戦争神経症など人生の苦渋をさんざん舐めてきた人ですので、〝苦痛〟に関してとてもセンシティブです（祖父江 2010）。ビオンは精神病思考のなかに〝抑うつの痕跡〟としての「心的苦痛」を見出し、その水準での患者との「連結」を図ろうとしているのです。なぜなら、もしそれが可能になれば、患者の「心的苦痛」は〝成仏〟し、「まったく空っぽの気がしている」という廃墟のような患者の内的世界に〝哀しみ〟の色合いがもたらされ、患者はより人間的な情動的世界に回帰する可能性が生じてくるからです。

このようにビオンのコンテイニング論の肝は、妄想思考のなかにも〝痛み〟を感受しようとするセラピスト側のこころの働き方にあるのです。

さてもう一点、「複眼の視点」のほうですが、これはビオンが晩年に近づくにつれ、より強調していった視点です。これはまとまった技法というよりも、先項で説明しましたように、その時々に心的事象をどの角度から見るか、という視座に属する技法のように考えられます。したがって、「複眼の視点」に関しては本書のなかでも随所に登場しますので、その都度説明していきたいと思います。

第2章

現代の臨床と破壊性の様相

さて、上述してきましたように、現代の臨床においては、「快感原則の彼岸」である破壊性のテーマをどう理解し、どう関わっていくかを抜きにしては、臨床を語れない時代が到来したように思われます。その破壊性の根が、死の欲動の表れとしての羨望にしろ、早期対象関係における原初的分離にしろ、それによって訪れる心的惨事としては、自己や対象や対象関係自体の破壊にほかなりません。ですから、ここで足を止めて、現代の臨床と破壊性の問題に関して、今しばらく検討していきたいと思います。

なお、破壊性と近似した用語として攻撃性がありますが、本章では攻撃性をも包含した概念として、破壊性を位置づけたいと思います。なぜなら、攻撃性というと、自己や対象に向かう直接的な怒りや憎しみをイメージしやすいですが、破壊性はそれよりもさらに広く、自滅や破滅などのマゾヒスティックで屈折した無意識の働きまで包含するイメージを有しているからです。現代は、もはや攻撃性の直接的な発揮によって、対象関係が破壊されるわけではありません。むしろ、サディズムやマゾヒズムのような屈曲した情動の働きによって、今日的な病理の破壊性は彩られているように思われます。本論では、このように攻撃性と破壊性を一応のところ区別し、論を進めたいと考えます。

第1節　破壊性としての自己否定から他責性へ

一般的には、破壊性や攻撃性と言うと、対象に向かうそれを考えがちです。けれども、臨床場面で支援を求めてくる人たちは、従来はむしろ自己に対して攻撃性が向かう人のほうが多かったように思われます。

神経症レベルですと、「そんなことを考えてはいけない」という道徳的、倫理的レベルに留まりますが、パーソナリティ障害ですと「そんなことを考える自分は悪い人間だ」と、道徳的、倫理的レベルを超えて、自己全体の否定に陥ります。前者と後者の違いは大きいです。すなわち、前者の場合は、あくまでも自分の考え方を批判しているレベルなので、自己像全体が悪くなっているわけではありません。そういう倫理にもとることを考えてはいけない、というレベルです。後者の場合は、そういう考え方をする自己全体を、人間性の問題として全否定しているのです。つまり、「そんなことを考える自分は悪い人間だ」「生きている価値がない」といったレベルにまで至ることも稀ではありません。ですから、自我の強度が弱いために投影同一化を多用するパーソナリティ障害の攻撃性は、神経症レベルよりも圧倒的に自己に対して破壊的な力を発揮します。

このように、精神科の患者というのは、案外他責的ではないのです。他責的であったとしても、それが自分に跳ね返ってきて自己否定となり、自分自身を苦しめている人たちです。むしろ、いわゆる健康な人のほうが、他者への攻撃性を過度な罪悪感を持つことなく、適度に発揮できますね。

ただ、今日の日本社会は、とかくマスコミ含めてバッシング好きで、不祥事となると世間が足並み揃えて一斉攻撃を加えていますので、こうした他責性の強い社会が健康かと言われると、これはこれでまた別の問題でしょう。少なくとも、患者の多くはバッシングは好きではないですね。むしろそれができない人たちのほうが多いです。自己否定として跳ね返ってきてしまいますので。

ですが、他責社会の世相を反映してか、臨床の世界でも、今日では次第に他責的なクライエントが増えていることも事実です。基本的には、パーソナリティ障害や精神病などの自我の脆弱群は、他責的というより自責的な人のほうが多いように思われますので、古典的な病態群と言えるかもしれませんが、自閉スペクトラム症の発達障害群の人たちのなかには、他責的な人が増えてきた印象があります。自らの人生上の不幸や恵まれなさを親や社会の問題として非難し、過剰に攻撃的な言動を弄《ろう》する人たちがいます。確かに彼らの不遇には、生来的な要因や親などの環境側の問題も大きく関与し、充分に同情に値するのですが、不遇な人生からどう立ち直るかは、やはり自らの人生として引き受けねばならない局面があります。それは確かに酷なことでもあるのですが、いつまでも他責的に自らの身の不幸を恨んでいても、人生は切り拓かれません。挙げ句の果てに、その逆恨みとして暴力による無差別攻撃などに至ることも、珍しくなくなっている時代です。

このように、自己否定という形で破壊性が自己に向かっていた時代から、今日では他責的、他罰的な風潮が臨床場面においても広がってきていると言ってよいでしょう。破壊性をいかに処理するかというテーマは、今日の臨床における最大のアポリアと言っても過言ではありません。しかも、破壊性は自己から他者へと向きを変える危険な時代に突入してきていますので、その臨床上のテーマは、社会治安の面からも重要性を増してきているのです。

第2節　破壊性は快感原則の彼岸なのか、あるいは病理的快感原則なのか

1　快楽を求める人間の本性

　ではここで改めて、破壊性は快感原則の彼岸なのか此岸なのかというテーマに入りたいと思います。すでに述べたように、フロイトは、破壊性や攻撃性は快感原則ではない、と考えたわけですね。ですから、死の本能論として、「快感原則よりもより原始的でかつ根源的であり、より本能的な反復強迫」(Freud, 1920) があると見なし、根源的な攻撃性のテーマを提出しました。フロイトは、陰性治療反応やマゾヒズムなどは、その「死の本能」の表れであると考えたのです。

　それまでのフロイトの考え方ですと、性愛理論に代表されるように、人間の本能は快楽を求めるという、いわゆる快楽原則中心の考え方でした。そこに快楽原則ではない攻撃性のテーマが登場し、フロイトは頭を抱え込んでしまったのです。時代は、人類が初めて経験した大量殺戮戦争である第一次世界大戦の真っ只中でした。しかも次には、第二次世界大戦というさらに悲惨な大量殺戮戦争が待ち構えていました。フロイトの考えは、人類の破壊性を目の当たりにして、どんどんと悲観的な方向に流れていったのですね。ある意味人間性に絶望していったと言っても過言ではないでしょう。

　ですが、フロイトの偉大なところは、人類の破壊性という現代の臨床上のアポリアを、思弁的な形にしろ、すでに視野の片隅にとらえていたところです。フロイトは、今日精神分析で扱われている新たなテーマに関し

て、破壊性も含めてですが、何らかの形で少しは言及しているのですね。天才ならではの視野の広さがあります。破壊性に関しても、しかりです。しかも、破壊性はエロスとの融合があるからこそ、それが効力を発揮することに触れています。この観点は、次に述べるように非常に重要です。なぜなら、破壊性は快楽を伴うからこそ厄介な代物であることは、現代クライン派がとみに強調しているところだからです。

2　破壊性に伴う快楽——サド・マゾヒズムにおけるエロスの貢献

フロイトは攻撃性や破壊性の問題を、思弁的ではありますが、サディズムやマゾヒズムの問題とも絡めて検討しています。フロイトは「マゾヒズムの経済的問題」(Freud, 1924) のなかで、サド・マゾヒズムの破壊性には性愛的満足が随伴している、と指摘しています。この指摘はその後、現代クライン派のベティ・ジョセフの「攻撃性の性愛化」の観点に結びつき、人間関係やパーソナリティの複雑な病理を有するケースを理解するうえで、欠かせない観点にまで発展したと言っても過言ではないでしょう。

現代の病理においては、破壊性と快楽が密接に絡み合っているケースは少なくありません。その絡み合いの形には、次にお示しするように「身体依存型」と「人間関係依存型」の、二種類に分けて検討することが可能です。

第3節　現代の病理――破壊性と快楽

1　身体依存型快楽――摂食障害、自傷行為、解離、ドラッグなど

ここでは、破壊性が身体への攻撃に結びつき、さらにそれが常習的な嗜癖となり、苦痛が同時に快感でもあるという快楽性を帯びる病理について検討します。

たとえば、摂食障害の過食型ですと、大量に食べてガッと吐くときに、ものすごく快楽があるわけですね。吐くときに、苦しいけれど妙な快楽も伴うようです。あるクライエントは、吐くときに「怒りを出している」と言っていました。つまり、理不尽な親に対する怒りを、吐くという行為によって代理的に表現しているわけです。ですから、それは苦しいけれども快感にもなり得ているわけですね。リストカットなどの自傷行為も快感になっていることは、今ではよく知られているところでしょう。自己を痛めつけるという身体の痛みが、逆に心的レベルでは快感にもなり得てしまうわけです。これらは、ほとんど倒錯的でマゾヒスティックな快感と言ってもよいでしょう。

あまり知られていないかもしれませんが、解離の世界も、病的で倒錯的な快感世界のようです。あるクライエントは虐待を受けた後、意識を解離させ自傷行為など行うのですが、心理療法のなかで明らかになっていったのは、解離がある種、時が止まったような静寂に包まれた世界であることです。何も煩わされることのない静寂の世界なのですね。私はその話を聞きながら、それってほとんど〝死の世界〟に近いなと思いました。時

が止まり、何も煩わされない静寂の世界というのは、死んだ世界ですよね。〝死の世界の快感〟というものがあるのだというのを、聞いていて実感させられたわけです。現実から遊離したような、その種の快感もある、ということです。ドラッグが心身ともに快感に溺れさせることは、今さら言うまでもありませんね。

このように、自分を痛めつける攻撃性が常習性を帯びるのは、そこに〝快感〟が随伴するからです。その点を、私たちは見逃さないほうがよいように思われます。なぜなら、いたずらにこれらの病的行動を止めようとしても、そこに快感がある限り、なかなか止められないわけです。そこを単に止めさせようとしても、クライエントはそれらの行動を私たちに嘘をついてごまかすか、隠すほかなくなるわけです。それよりも、まずはクライエントとともに、それらの病的行為が実は快楽を伴っていてなかなか止められないことを、意識していくことが必要です。クライエント自身は、それらの行為に快楽が伴っていることを意識していない場合も少なくありません。自分のなかでごまかしてしまっているのですね。ですから、まずは苦痛なばかりでなく快楽も伴っていることを意識すれば、そういう病的なあり方で快楽を得ようとすること自体に、ある程度自制心が働くようになります。つまり、「こんなことで快感を得ていたのでは、さすがにまずいんじゃないか」という気持ちが働くわけです。その後、そういう病的な快楽という形ではなくて、もっと健康的に快楽を得ようとする生き方を志向する動機にもなりうるわけですね。

2　人間関係依存型快楽（倒錯的対象関係）——虐待、いじめ、DV、共依存など

（1）虐待行為などを行う側のサディスティックな快楽——暴力、支配、コントロールなどによる快楽

虐待、いじめには、それらを行う側に快楽が伴っていることが、意外に見過ごされているように思われま

す。もちろん全部が全部ではありません。なかには、虐待などで親自身がとても苦しんで相談に来られる場合もあります。意識的には叩きたくないと強く思っていても、子どもとの関係のなかで気づいたら暴言を浴びせたり、叩いたりしてしまっていたと、自責感に苛《さいな》まれ相談に訪れるケースなどがそれに当たります。しかし、こうしたケースは、今日ではもはや古典的な部類に属する虐待ケースではないでしょうか。昨今の虐待ケースは、ニュース報道などでも時々流れるように、むしろ虐待をバレないようにひた隠し、暴力を正当化し、時には死に至らしめるほどのひどい仕打ちを平気でしているようなケースです。ですから、そこには虐待に伴う罪悪感はありません。こうした罪悪感を伴わない虐待、いじめに関しては、実のところ、それに伴う快楽が強く介在しています。面白がって虐待やいじめをやっています。いわば快楽サディズムなわけですね。それが時に快楽殺人にまでなりうるわけです。このように暴力には、快楽の性質が随伴する場合が少なくないのです。

暴力的な破壊性が発揮されなかったとしても、DVや共依存などにおいては、他者を支配したりコントロールしたりすることに強い快楽が伴っていたりします。人を思うがままに扱うというのは、そこに強烈な快楽が随伴しています。ですから、権力者などはすごい快楽を味わっているのです。さらに、教祖や独裁者などは、自分が崇《あが》められ讃えられるという自己愛的快楽もすごければ、他者を思うがままにできるという支配的快楽もすごいわけです。ですから、皆いったん権力を握ると、なかなかそれを手放したがらないのです。そこには強烈な快楽があるからです。DVや共依存も、権力者に一脈相通じるような自己愛や他者支配性の快楽があるわけですね。

さて、今日ではいじめ防止のために、義務教育課程において道徳教育の重要性が叫ばれたりしています。ここで少し話が逸れますが、道徳教育に関して、精神分析的な観点からコメントしたいと思います。道徳心、すなわち健全な超自我形成は、フロイトが唱えているように、エディプス・コンプレックスの通過後形成されるという考え方が可能です。これはどういうことかというと、同性の親を排除し異性の親を独占したいという、反道徳的なエディプス欲望が断念されるのは、同性の親に対する同一化によってそれが可能になるということです。すなわち、「立派なお父さんみたいになろう」「優しいお母さんみたいになろう」というような同性の親への同一化によって、邪《よこしま》なエディプス欲望は断念されるのです。同性の親への同一化とは、すなわち同性の親への愛情ですね。両親のことが好きでなかったり、あこがれたりしなかったら、そこに肯定的な同一化は生じません。つまり、愛情によって反道徳的なエディプス欲望は断念させられ、道徳心が芽生える、ということです。要は、道徳心の中身に愛情が入っていなければ、その道徳心は見せかけにすぎないということです。

ここに道徳教育の難しさがあります。いくら道徳的な考え方を学んだところで、そもそもその子どもに愛情が乏しければ、道徳は機能しないわけです。考え方のサンプルにしかなり得ません。道徳教育の根幹に係わっているのは、親や教師や友人との関係を通して、人と人との関係の良さやありがたみをいかに体験できるかにかかっている、と言っても過言ではないでしょう。

さて、虐待やいじめを行う側の問題に戻りますと、今日、そこに快楽が伴っていることは珍しくありません。その際、それらの加害者たちに道徳心を説いたところで、まずは通用しないことでしょう。それよりも、継続的な面接が可能なら、関係性を築きながらも、それら加害行動には実は快楽が伴っていたことを自覚してもらうほうが、罪意識の芽生える可能性があるように思われます。すなわち、セラピストや支援者との関係性、つまり愛情に基づく関係性を背景にして、「面白半分にいじめていた」ことを自覚してもらうわけです。人を痛めつけたり、いじめたりすることが面白いというのは、今どきの言葉を使えば、なかなかに〝クズ〟なわけです。クズな自分を知ることで、さすがにこれでは自分が情けないと思ったり、ダメ人間だと思ったりする可能性が出てくるのかもしれません。いわば、道徳心の芽生えみたいなものですね。それが自分の〝クズさ加減〟を知ることによって、呼び起こされる可能性があるのです。それには、セラピストや支援者への「同一化」や信頼が、カギを握るのです。

こうした愛情への芽生えによって、攻撃的心性が緩和され、向きを変えられれば言うことはありません。ちなみに、研究者のなかには、サディスティックで攻撃的な好奇心が溢れているからこそ、優れた業績を成す学者も珍しくありません。その場合は、サディズムの快感がうまく研究に活かされている好例と言えるでしょう。ですが、攻撃性やサディズム自体は、ほとんど〝性癖〟に近いものです。私たちセラピストや支援者が、日常臨床によって個人の性癖まで変更できるかのような〝おとぎ話〟を信じているとしたら、それは逆にクライエントを追い詰め、サディズムの暴発を招きかねません。私たちに可能なことは、サディズム心性自体の〝治療〟ではなく、サディスティックで攻撃的な心性を、いささかなりとも社会のなかで健全な方向に活かす道筋をつけるか、ではないでしょうか。

同様に、DVや共依存も、実は自分が相手を支配している、コントロールしている快感に浸りたいがために、それを行っているということを自覚することが大事でしょう。それによって、自分の〝クズさ加減〟に気づけば、改めようとする気持ちも芽生えるかもしれません。

次に、虐待などを受ける側の心性について検討していきたいと思います。一般に考えられているほど、加害者－被害者の図式は単純ではありません。虐待やいじめが長期化すればするほど、被害者の側にも複雑な病理的心性が形成されていくのです。すなわち、そこにはマゾヒズムの心性が生まれてくるのです。

(2) 虐待行為などを受ける側のマゾヒスティックな快楽――無力化、復讐による快楽

いじめや虐待などを受ける側の心性も、時に一筋縄ではいきません。そこに破壊的快楽が介在していること

もあるのです。虐待事例、とりわけ性的虐待を伴う事例などですと、病理的で倒錯的な対象関係が形成されていくことは珍しくありません。もちろん、性的虐待を受ける当事者が小学生だったりすると、当初は何が起きているのか理解できないわけですね。ですが、父親や義父が怖いので、暴力を伴った性的虐待に服従していくわけです。事の異常さに気づく中学生頃になると、むしろ苦痛感は増大し、解離によってその体験を記憶から消すという病理形成が行われるようになります。苦痛を紛らわせるために自傷行為も始まります。そうなってくると、親からも痛めつけられ自分でも自分を傷つけてしまうので、〝無力感〟がどんどん強まっていくわけです。それが厄介なことなのですね。無力感は〝抗《あらが》えなさ〟を強化するばかりでなく、次第にマゾヒスティックな関係性に陥りやすくなります。虐待を受けることを契機に解離が起きやすくなったり、場合によっては性的快楽と無力感が結びついたり、さらには性的に支配されることで逆に父親を性的に支配するというような、倒錯的な関係性が色濃くなったりします。性的に痛めつけられ支配されながらも、逆に父親を性的に焦らしたり苛立たせたりしようとするわけですね。まさにマゾヒズムです。

これらのマゾヒズムには、〝死の世界への誘い〟のような快感が伴うようです。あるクライエントは、解離状態は静寂に包まれており、あたかも時間が止まっているかのような時空間であることを話してくれました。これはまさに〝死の世界〟ですね。虐待を通して蓄積される「無力感」や「無力さの快感」は、〝死の世界への誘い〟にもなりうるのです。こうなると、なかなかその関係性から抜け出せなくなります。

序章でも寝屋川事件について触れましたが、この「無力さの快楽」の延長上に、現実の〝破滅的な死〟があるわけです。死は〝復讐〟になり得ます。現実の死は、最後に残された攻撃性の発露でもあります。死によって、ようやく親の罪業を白日の下に晒《さら》し、親は刑に服せざるを得ないわけです。あたかも、自決によって本懐を果たすというような、マゾヒズムの極致を見るような気がします。そこには、「復讐願望」という快感が働いていてもおかしくはありません。こうしたマゾヒズムのケースにおいても、その快楽に気づいてもらう必要があります。しかし、先ほど述べたサディズムの場合と同様に、マゾヒズムの性癖を〝治す〟という考え方は、現実的ではありません。治すのではなく、いかに健全な方向に活かしていくか、という視点が必要になります。ある虐待事例の患者は、「結婚したらＤＶを受けてもいい。そのほうが安心」と語りました。彼女にとって暴力を受けることは、もはや〝日常〟なのです。むしろ、暴力のない毎日のほうが〝非日常〟で、不安を呼び起こすのでした。

　私はその話を聞いていて、彼女にとって暴力を受けることが、ほとんど〝性癖〟のような快楽をもたらすのだと悟りました。暴力が日常という常識とは違った世界を、彼女は生き抜いてきたのです。それは、倒錯的な快楽や安心感をもたらしていたのでした。それを治療すべき病理と見なすのは、言うのは簡単ですが、行うのは難しです。そうした〝性癖〟は、もはや身に染みついた自己の一部と化しているのです。少なくとも日常臨床の範囲では、その性癖自体を治療するという高い目標を掲げるより、たとえば自己を痛めつける快感を他者に献身する快感に〝昇華〟させたり、マゾヒズムの破壊性を〝遊ぶ〟術を見出したり、さらには深刻にならない程度の〝仕返し〟を容認するような視座を持って、セラピーに臨む必要があるように思われます。すなわち、マゾヒスティックな性癖自体は修正できなくとも、そこに潜む暴力性をなだめ、形を違えた快楽や遊びに置き換えていくことは可能なのです。そのためには、次章で述べる「内的マネジメント」による自我強化、「破壊性のワーキング・スルー」などが必要になるのは、サディズム心性と同様です。

　このように、現代の臨床は、破壊性の問題を抜きにして済ますことができない時代状況に突入し、すでに久しいように思われます。現代は〝破壊性の快楽の時代〟と言っても過言ではないのです。

第4節　邪な快楽から健全な快楽へ

現代病理にありがちな、破壊性に伴う快感について述べてきましたが、私は必ずしもこれらの快感を〝悪いこと〟として断罪しようとしているわけではありません。フロイト自身もそういうスタンスだと思われます。人の生きようとする原動力は、「快感原則」です。ですから、エディプス・コンプレックスとしての近親相姦願望にしろ、それ自体としては禁じられるとしても、健康的な昇華の道をたどればよいのです。邪《よこしま》な欲望も、生きるうえでのパワーを秘めています。そのパワーを活かし、健全な方向に導かれれば、〝生きる力〟ともなり得ます。それがここで述べる〝健全な快楽〟というテーマです。

フロイトは、エディプス・コンプレックスの克服は同性の親への同一化によって成し遂げられ、それが健全な超自我形成をもたらす、と考えました。このことは〝邪な快楽〟が〝健全な快楽〟に道を譲ることを検討するうえで、大事な観点を秘めています。先述したように、結局のところ、男の子なら「自分も立派なお父さんみたいな男になろう」という父親への愛によって、母親への邪な欲望は断念させられるわけです。しかも、単に断念させられるだけでなく、邪な欲望としての性愛エネルギーは、「立派なお父さんみたいな男になろう」「優しいお母さんみたいな女性と結婚しよう」という健全な水路へと導かれ、生きるエネルギーとして発揮されていくのです。

このようにフロイトは、性愛エネルギーやエディプス欲望の行き先に関して、単に自我の統制のもとに置かれるばかりでなく、社会、文化、芸術として「昇華」されていくことを考えていました。私たちは、こころの暗闇から性愛欲望や攻撃衝動を呼び覚まし、エディプス・コンプレックスの運命において示されているように、それらの邪悪さを〝愛の力〟によって健全な道に導くことが必要なのです。そうすれば、邪《よこしま》な欲望も生きるパワーとして力を発揮しうるのです。

ですが、今日難しいのは、まさに愛の基盤の希薄さ、脆弱さというところにあるでしょう。邪な欲望から健全な欲望へと道が進むには、健全な超自我（道徳心）が必要となります。その道徳心は結局のところ、フロイトがエディプス・コンプレックスの克服において示したように、「親への肯定的な同一化」という愛情によってもたらされるのです。愛情形成の基盤が脆弱であれば、たとえ邪な欲望が認識されたとしても罪悪感は生じません。邪な欲望は肯定されるか、ごまかされるかして、実行に移されることにもなり得ます。

近頃、そうした凄惨な事件が後を絶ちません。二〇一八年六月には、自らの人生への絶望と恨みに煮えたぎった青年が、新幹線の中で何の罪もない人を殺傷するという、痛ましい事件が起きました。彼が自らの人生を呪い、その呪いの晴らし方として単に自殺するだけでは飽き足らず、人を殺したいという無差別な攻撃的心性に傾いたとしても、それ自体としては人のこころの働き方としてありうることかもしれません。しかし、そこで愛情の基盤があれば、そうした非人間的な残虐さには当然、ブレーキもかかったことでしょう。自らの残虐さに恐れおののく念も、呼び覚まされたことでしょう。この事件は、そうした愛情のストッパーが働かずに、最悪の事態に一直線に向かった悲惨な例なのかもしれません。

二〇〇八年に起こった秋葉原殺傷事件以来、あまりにもこうした無差別攻撃が途切れなく起きています。私たちの時代は、愛情の基盤の乏しい困難な時代に突入したと言っても過言ではないのでしょう。それだからこそ、心理療法や心理的支援においては、ますます関係性の視点が重視されます。関係性のなかで、クライエントがいかに関わりの実感や関わることの良さを体験できるか、他者は自らを助けてくれる存在でもあることをいかに実感できるか、そこにセラピーや支援の意義が大きく係わってくるのだと思われます。セラピストや支援者との関係こそが、クライエントの愛情の基盤の形成に一役買ってくれるかもしれないからです。

フロイトの時代は、愛情の基盤があることは、ある意味自明でした。ですからフロイトは、「病因となる葛藤を正常な葛藤に変えること」（Freud, 1916–1917）を精神分析療法の目的とし、「正常な葛藤に変える」ことに成功したならば、後の人生は精神分析の関与するところではない、というスタンスを取りました。フロイトの対象患者は主として神経症者でしたので、それでよかったのです。なぜなら、神経症者には基本的には健全な超自我が形成されているので、邪な欲望さえ自覚されれば償いの念が自ずと生じ、後は彼らの人生の選択に任せておけばよかったのです。

ですが、今の時代はそういうわけにはいきません。健全な超自我の歯止めが利かず、邪な欲望が肯定されたり、ごまかされたりして、悪い行動化への道が切り拓かれたりしてしまうからです。ですから、現代はフロイトの時代以上に、セラピストや支援者の仕事は広がっていると言ってもよいでしょう。この点の具体に関しては、第3章、第4章において詳述していきたいと思います。

このように、健全な快楽とは、愛情や愛着が基盤を成していると言えるでしょう。邪な欲望としてのエディプス欲望も愛情の力によって断念させられ、「同性の親への同一化」へと向かいますし、羨望や攻撃性も愛情の力によって「償いの念」が呼び覚まされるのです。愛情は、邪な欲望を断念させたり、変容させたりするほどの健全な快楽性を持つ、ということです。愛情は健全な快楽の基盤となっているのです。

ほかにも、愛情と似ていますが、〝健康〟自体も健全な快楽性を有しています。身体的健康はもちろんのこと、こころの健康にも健全な快楽があります。時折精神科の患者が言われることに、病気が良くなったら、こころがざわざわしていたり、もやもやしていたりするのがなくなって、心地良いと言われます。こころが波立たず、平穏なこと自体にも健康な快楽さがあるのですね。その点、身体の病気と同じことです。こころにも身体にも健康さの快楽があるのです。

さらには、仕事や趣味に打ち込めること自体も、健康な快楽に属します。それは欲望の「昇華」であり、フロイト、クライン、ウィニコットなども、言葉は違えども皆同様に「昇華」の重要性を強調しています。すなわち、文化、芸術、スポーツなどで社会的に承認される形に変形して、邪《よこしま》な欲望を〝成仏〟させていくわけですね。フロイトは、外科医は殺人衝動の昇華であり、彫刻家は破壊衝動の昇華である、と言っています。

結局のところ、エディプス欲望、羨望などに代表される邪な欲望自体も、一概に否定されるものではなく、そのエネルギーを健全な欲望に形を変え、活かす道も残されているのです。特に現代は、攻撃性の処し方が課題となる時代です。攻撃性をどのように扱い、できうることなら昇華していくか、この点に関しては項を改め、次章第3節において詳述していきたいと思います。

第3章

日常臨床のための精神分析——自我の脆弱なクライエントに対して

今日、日常臨床で出会うクライエントの傾向として、神経症圏、パーソナリティ障害圏、精神病圏はもとより、解離性障害、発達障害、虐待、いじめなど、臨床の裾野は広がっています。それに伴って、自我の基盤が脆弱な人たちに出会うことも多くなってきました。自我の基盤が脆弱というのは、大まかに言えば良い内的対象関係の基盤が脆弱だということですが、もっとポイントを絞って言えば、ポジティブな自己像を保持していない人たちと言えるでしょう。言葉を換えれば、自我アイデンティティがないか弱い人たちと言ってもよいでしょう。そのため、「心的苦痛」に耐える力が弱くて自己否定的になったり、場合によっては極めて他責的になったりしやすいわけです。

そのようなアイデンティティの弱い人たちは、破壊性や攻撃性を受け止めるに足るだけの自我の基盤が脆弱です。したがって、破壊的、攻撃的な自己を認識して、受け止めていくだけのこころの受け皿がないのです。ですから、自らのこころに怒りや憎しみがあるという洞察に至ると、こころの中に抱えることが困難で、悪い自己像を増悪させてしまいます。すでに何度も触れてきましたが、たとえば「母親に憎しみを持つ自分は醜い」「親から愛されてこなかったような自分は、生きている価値がない」などです。

したがって、破壊性や攻撃性などのネガティブな情動をこころに受け止めるためには、自我の基盤が重要であることを強調しておきたいと思います。特に、週一回や、二週に一回程度の心理療法の頻度では、セラピストとの関係性によってネガティブな情動や思考を支えるのが困難なことは珍しくありません。その点、精神分析は、週複数回の面接頻度を準備し、関係性のなかでクライエントのこころを支えようとするのですが、今日の日常臨床においてはそのような贅沢な面接は、もはや縁遠い話になりました。

そこで週一回、二週に一回、月に一回程度の日常的な臨床で、自我の脆弱なクライエントの面接や支援に携わる場合、脆弱な自我を支えていく観点や工夫が必要となります。簡潔に言えば、自我を支持するサポーティブな観点での関わり方ですね。まずは、自我を支持しながらポジティブな自己像に繋がるこころの器の基盤を育み、可能ならそこから、耐え難いこころの真実にアクセスしていくという観点です。耐え難いこころの真実とは、第2章で述べたようにこころの暗部であり、憎しみ、怒りなどのネガティブな情動や、邪悪な欲望の部分ですね。簡単に言えば、醜いこころの部分です。

精神分析では、人のこころに醜さがあるのは自明のことです。醜いからダメだという観点はありません。ただし、自己の醜さというか、こころの暗部を知っていくことは、人が自らのこころと繋がって主体性を保持するうえで、とても重要なことだと考えられています。邪悪な欲望や憎しみを持つ自己を知ることで、人は主体性を強化されることもあれば、健全な欲望への道も切り拓かれもするのです。

ですが、そのような主体性の強化や健全性の開拓には、こころの器の基盤が担保として保証される必要があります。そうでないと、こころは自らの醜さの重みに耐えきれず、底抜けしたり底割れしたりしかねません。そこで日常臨床においては、自我の脆弱なクライエント群に対しては、まずはこころの器の基盤を育む視点や技法が必要となります。要は、従来の精神分析的心理療法のオーソドックスな技法である「心的苦痛」に一直線にアプローチする前に、自我の脆弱さを補ったり支持したりする手順を踏む必要がある、ということです。

以下に、その手順を「内的マネジメント」として概念化し、解説していきたいと思います。

第1節　内的マネジメントとは

内的マネジメントとは耳慣れない用語ですが、私たち（祖父江・細澤 2017）が命名した造語です。簡単に言えば自我支持の関わり方ですが、そこには精神分析ならではの内的な視点を含み込んでいます。この内的マネジメントには二つの側面があります（祖父江 2018）。そこに進む前に、まずは外的マネジメントとの違いを簡単に整理しておきましょう。

1　外的マネジメントと内的マネジメント

（1）外的マネジメント――環境調整、社会資源の活用、関係機関との連携など

マネジメントと言えば、だいたい外的なものが思い浮かぶことでしょう。それは、環境調整や社会資源の活用などによって、クライエントを取り巻く困難な状況に外部から対処して、支えようとするものですね。今後、公認心理師は、こうした分野にも仕事の幅を広げていくことでしょう。たとえば、スクールカウンセラーとして活動する場合でも、虐待事例に出会うことは少なくありません。その際、関係機関である児童相談所などと連携を取りながら、時にケース会議に参加し、一時保護などの処遇に関わることも増えていくことでしょう。

このように、私たちの職域にも現実支援の気運は確実に高まることでしょうから、その際、外的マネジメントへの視点や技術は、ますます求められていくことでしょう。

(2) 内的マネジメント――「クライエントの内的な良い自己との連結」と、「セラピストの昇華された陽性逆転移の保持」

内的マネジメントとは自我支持の関わり方であると、おおまかにはまとめることができます。内的マネジメントには二つの側面があります。一つは、クライエントの自我に向けた、セラピストのサポーティブな働きかけです。サポーティブと言っても、そこには精神分析ならではの内的な視点が含まれています。すなわち、クライエントの内的な良い自己との連結を図ろうとする方向での、自我への働きかけです。

もう一つは、セラピスト側の逆転移の問題に係わります。すなわち、セラピストの昇華された陽性逆転移が、クライエントの自我支持に繋がるという観点です。これは後に述べる、モネーカイルやラッカーという分析家が唱えている、逆転移の観点と共通しています。モネーカイルはそれを「正常な逆転移」として概念化し、ラッカーは「融和型逆転移」として提唱しました。

このように内的マネジメントは、精神分析のこころの内面を見ていく視点を、自我支持に活かそうとするものです。まずは、「内的な良い自己」との連結を図ろうとする自我支持的な関わり方のさまざまについて、「内的マネジメント①」として、その概略を説明していきたいと思います。次に、「セラピストの昇華された陽性逆転移の保持」に関して、「内的マネジメント②」として説明を加えます。その後第2節に進み、いかにこれらの考え方を具体的な技法として活用していくかに関して、さらにお示ししたいと思います。

2 内的マネジメントの二側面

(1) 内的マネジメント① ――「内的な良い自己」との連結

「内的マネジメント①」とは、クライエントの自我支持、自我強化を、内的な良い自己との連結を通して果たそうとする試みです。言葉を換えれば、自己像の修復を目的としています。と言いますのも、従来、精神分析が強調しているのは、対象像の修復という観点だったからです。セラピストに対する見捨てられ不安を解釈する技法が、代表的なものでしょう。見捨てられ不安の解釈には、悪い対象像としてのセラピストを、良い対象像に修復しようという意図が込められています。すなわち、その裏の文脈として、「あなたは私が見捨てると思っているかもしれませんが、そうではないですよ」というメッセージが込められているのです。自我の脆弱なクライエントに対しては、従来このような対象像の修復という観点が強調されてきました。

ですが、その対象像の修復というアプローチだけでは、充分な自我強化が得られないことも珍しくはありません。すなわち、自我が強化されるには、自己像の肯定やアイデンティティの芽生えなどが必要になるのです。対象像が良くなるだけでは、そこまで至らなかったりするわけです。たとえば、「セラピストは良い人だけれど、私はやっぱりダメな人間だ」という構図が変わらなかったりします。したがって、対象像の修復に留まらず、どのように良い自己との連結が図られ、自己像の修復がもたらされるか、という観点が大事になります。

ただし、自我支持や自我強化といっても、「あなたにも良いところは一杯ありますよ」「あなたはとっても優しいから」というような、単に慰めや励ましに類するような言葉を送ったところでほとんど力を持たないことは、自我の脆弱なケースではありふれています。ですが、そのような慰めや励ましが悪いわけではないので、それでクライエントの力になれれば、それでかまわないと思います。しかし、その程度の励ましでクライエントの自我強化に繋がるほど、事態は甘くはないのです。

そのような単純な手法ではなかなかうまくいかないので、どのように良い自己の実感を図っていくかを考える必要がある、ということですね。それを以下に解説していきたいと思います。

A 人、自然、モノなど「良い対象と繋がる心地良さを体験できる自己」との連結

先ほど、見捨てられ不安の解釈は、まずは対象像の修復を目的としており、必ずしも自己像の修復にまでは至らないことに触れました。では、どのように「良い自己との連結」にまで繋げていけばよいでしょうか。それは、対象像の修復とも関連しているのですね。たとえば、セラピストは見捨てない、セラピストは信頼できる、という感覚がクライエントに芽生えてきたとします。その際、「私のことが次第に信頼できるようになってきたようですが、それはそもそもあなた自身のこころの中に、人を信じようとする気持ちがあるからでしょうね」などと伝え返し、クライエントの自己感のほうへ還元していくわけです。単にセラピストが良い人ということではなくて、「そう思うのは、あなたの中にそれを感じ取ることのできるこころがあるから」ということなのですね。そのように、本人の良さに還元していく必要性があるわけです。それによって、クライエントの中にも、良い対象と繋がる良い自己の体験が実感されていく可能性が広がります。

またこの観点は、対象が人でなくてもよいのです。自然やモノが対象であってもよいわけです。自然やモノが対象となる場合には、人が対象となる場合よりも、情緒的水準というより感覚的水準の体験のされ方になります。感覚的に気持ちが良いとか、心地良いという水準で、自己の体験の良さが実感されます。一方、対象が

人の場合は、〝気持ちが通う〟などの情緒的水準での心地良さですね。

ところで、人と気持ちが通い合うことの良さを体験するというのは、結構ハードルの高い目標となるように思われます。とりわけ、自閉圏や愛着に障害を持つ人たちにとっては、人との関係での安らぎを得ようとするのは、なかなかに至難の業です。ですから、一概にそんな高い目標を目指して頑張るばかりが良いわけではありません。たとえば、鉄道趣味であったり、図鑑が好きであったり、好みの嗜好品があったりなど、いくらでもモノとの間での満足感が得られたりもします。そのようなモノとの関係で「良い対象と繋がる心地良さを体験できる自己」を実感できれば、その心地良さが自我の支えにも寄与するわけです。

このように、人との関係で、プライマリーに安心感を求めることばかりが良いというわけではないのです。モノや自然や動植物など、人以外の対象でもそこに感覚的な心地良さが付随すれば、自我を支持する役目も充分に果たしうるのです。こうしたモノとの繋がりに関しても、たとえば次のように解釈することによって、〝自己の良さ〟に還元していくことも可能です。「あなたが星に惹かれるのは、あなたの中に自然の純粋さと通じ合うこころの純粋さがあるから、星に魅せられるのでしょう」など、対象の良さを自己の良さに連結させていくわけです。そうすることによって、対象と繋がった心地良さの実感が、自己の中に根を下ろすかもしれません。それが、感覚的水準での「良い対象と繋がる心地良さを体験できる自己」との連結にもなりうるのです。

B　心的苦痛を「抱えようとする自己」との連結

ここで「抱えようとする自己」との連結を取り上げたのは、心理療法はクライエントが気持ちを表現するのをよしとし、むしろ表現を促そうとする働きかけが多いからです。もちろん、気持ちを表現できることはとても大事なことです。気づかなかった気持ちに気づくことは、無意識の部分が自我に統合され、主体性が強化されるからです。

しかし、自我の脆弱さによって、無意識の気持ちや考えが自我に統合されない場合も少なくありません。すなわち、意識化された気持ちを受け止めきれないわけですね。たとえば、「あなたのなかには母親に対する憎しみがありますね」「本当は甘えたいんですね」などの介入をセラピストがしたとします。これらは、自我の統合や主体性の強化を目的として介入しているわけですが、自我の脆弱な精神病、パーソナリティ障害、発達障害の人たちのなかには、セラピストのこれらの働きかけにより、抱えきれない気持ちが洪水のように溢れ、自我の防波堤を突破したりする人がいます。そうなると、もはやさまざまな行動化や病状の悪化は免れません。

ですから、〝気持ちの表現〟が安全に行われ、自我の統合に寄与するのは、基本的には神経症レベルの人たちなのですね。心理療法は、もともとフロイトからしてそうですが、神経症レベルのセラピーをモデルとしています。すなわち、「抑圧の解除」を目的としていますので、無意識の意識化や気持ちの表現が重視されたわけです。ですが、パーソナリティ障害の登場以来、このモデルにそぐわないクライエント群が多くなってきているのが、今日の臨床状況ではないでしょうか。

したがって、今日の臨床状況では、〝気持ちの表現〟以前に、〝気持ちを抱えること〟が必要になるクライエントが多くなっているわけです。そこでボタンの掛け違いのように、〝気持ちの表現〟をもっぱら旨とする神経症モデルのセラピーが選択されたのでは、危険性を孕《はら》んでいることは言うまでもありません。ですから、自我の脆弱なクライエント群に対しては、まずは表現してもらう以前に、苦痛な気持ちを抱えることが必要なのです。「あなたは苦しい気持ちを抱えようとしていますね」でもいいのですね。あるいは、「ここで表現してしまうと苦しい気持ちが溢れそうになるから、表現しないようにしているんですね」でもいいのです。つまり、苦しい気持ちを抱えようとしている〝自我の努力〟を認めるところから、セラピーが始まる必要性もある、ということです。

C ネガティブな情動の裏にある「良い対象への信頼・希望を持つ自己」との連結

自我の脆弱さにはさまざまな側面がありますが、一つには、ネガティブな情動や思考が強いがゆえに自己肯定感やアイデンティティが育まれず、自己否定的な自己像に陥ってしまう点があります。すなわち、自我の弱い人というのは、ネガティブな情動や思考がプライマリーになっていると考えてもよいでしょう。簡単に言えば、人に対しても自分に対しても、基本的にはネガティブなのです。

従来、精神分析的な心理療法においては、陰性転移やネガティブな情動を解釈する手法が重視されるきらいがありました。それには理由があり、ネガティブな情動を解釈し、自我に統合することによって、主体性の強化を図ろうとしていたわけです。したがって、セラピストの関心は、クライエントのネガティブな情動や思考に偏りがちになります。先述しましたが、ネガティブな情動への解釈が自我の統合に寄与すれば問題はないのですが、寄与するどころか自我の防波堤を決壊させてしまう場合もあることに留意する必要があるでしょう。自我の脆弱群においては、そのような〝決壊〟は必ずしも珍しいことではありません。

ですから、たとえば「あなたは私のことを信じられないのですね」「あなたは私があなたのことを見捨てようとしているように感じるんですね」などの陰性転移の解釈は、自我の脆弱なクライエント群にとっては危険になり得ます。彼らにとってそれらのネガティブな情動は、特に無意識ではないのです。むしろ、うすうす意識されている表の情動であったりします。したがって、それらの陰性転移の解釈は、無意識を意識化させるというよりは、すでにうすうす意識されている不快な情動を、セラピストの解釈によって再認識させられるという〝ダメ押し〟効果になったりします。すなわち、「やっぱりセラピストは自分のことを見捨てようとしているんだ」などと、文字どおりの意味で受け取られることも決して珍しくはないのです。

したがって、ネガティブな情動や思考がプライマリーになっている、自我の脆弱なクライエント群の場合には、日常臨床においては、陰性転移の解釈やネガティブな情動の解釈は早すぎる場合が少なくありません。そのような場合には、まずはこころの器作りとして、ネガティブな情動の裏にある「良い対象への信頼・希望を持つ自己」との連結を図る内的マネジメントが必要になります。たとえば、同じ陰性転移の解釈をするにしても、「あなたは私があなたのことを見捨てようとしていると感じる一方で、信頼したい気持ちも持ち続けたいのかもしれませんね」などです。すなわち、ネガティブな情動一色でクライエントのこころが染まってしまわないように、雲の合間から一筋の光明が射すように、対象希求への願いに光を当てるわけです。そのような自我支持への内的マネジメントを果たそうとするのが、「良い対象への信頼・希望を持つ自己」との連結です。

D　病理の裏側にある「可能性を持つ自己」との連結――複眼の視点

精神分析においては、とかくこころの病理の解明に力が注がれ、〝病理の修正〟という観点が強いように思われます。たとえば、スプリッティングの解釈や投影同一化の解釈などが、その端的な例でしょうか。もちろんこれらの観点が、セラピーにおいて必要なことは言うまでもありません。ですが、〝病理の修正〟に目が行き過ぎると、それはクライエントの生きてきた人生の否定になりかねません。なぜならば、病理というものは生育歴のなかで形成されてきていますので、それを修正するということは、クライエントの生きてきた歴史の否定と言っても、あながち間違ってはいないのです。特に、自我の脆弱なクライエント群にとっては、病理の解釈は自己像の悪化に手を貸す仕業にもなりかねません。たとえば、自己主張のできないクライエントに、

「父親からいつもひどく怒鳴られてきたので、私に対しても怖くて思ったことを言い難いのでしょう」などの解釈です。こうした解釈が、「セラピストには思ったことを言ってもいいのだ」という安心感に繋がれば言うことはないのですが、必ずしもそうなるとは限りません。逆に、「思ったことを言えない自分がダメな自分」として、否定された気になる場合も珍しくはないのです。〝思ったことを言えない〟というスタイルで幼い頃からずっと生きてきたクライエントにとっては、ある意味それが当たり前のことであり、そこに疑問を呈せられるのは〝生き方の否定〟になりうるのです。

ですが、何も私は病理の解釈を否定しているわけではありません。病理解釈を最初に選択して、それが機能すればそれに越したことはありません。しかし、自我の脆弱なクライエント群にとっては、病理解釈は彼らの〝生き方の否定〟になりうるので、病理解釈の前に手順を踏む必要があることを強調したいのです。それには第1章で述べたように、ビオンの言う「複眼の視点」が参考になると思います。

ビオンは、精神分析理論が定説化したり〝超自我化〟したりすることに、警鐘を鳴らしました。それは、精神分析の理論が〝超自我化〟してしまったら、ビオンの言う「神秘家」のように、新たな可能性を見ていく視点が奪われてしまうからです。この点は、ウィニコットの強調するセラピーにおける「創造性」と一脈相通じるものがあるでしょう。いずれにしろ、〝病理〟を修正すべき汚点としてだけ見る視点は、自我の脆弱なクライエント群を苦しめます。それは耐え難い「言い知れぬ恐怖」にもなりうるでしょう。

いずれ自己の病理を〝直視〟していく時期は来るにしろ、その前に内的マネジメントの観点として、病理理解に関しても自我支持的に関わる時期が必要です。そこに、ビオンの「複眼の視点」が参考になるのです。たとえば、虐待を受けてきた子は、自己表現できなかったり、自己卑下的であったり、総じてマゾヒスティックな病理の持ち主であったりします。ですが、その反面、彼らには可能性も眠っているのです。なぜならば、彼らは虐待という過酷な歴史を生き抜いてきた〝サバイバー〟です。今日までその過酷な歴史のなかを生き抜いてきているわけです。そうした生き抜く力、耐える力、我慢する力を並外れて持っているからこそ、ここまで生き抜けたのではないでしょうか。

知り合いのボクシングジムのオーナーが言うには、街を粋がって歩いている喧嘩自慢の若者は、ボクシングの練習でちょっと殴られたりすると、すぐに辞めてしまうというのですね。粘り強く続け、強くなるのは、いじめられていた子だと言っていました。彼らはある意味殴られ慣れているから、ボクシングで殴られても耐えられるし、我慢強さを持っている、と言うのです。確かに、ボクシングの世界チャンピオンであった内藤大助さんなども、もともとはひどいいじめられっ子でした。

このように、病理には裏面としての可能性が眠っています。そこを内的マネジメントの自我支持として、伝え返していくわけです。たとえば、「虐待のなかでここまで生き抜いてきたのだから、あなたには並外れた我慢強さもあるのでしょう」などです。

さらには、虐待を受けてきた人たちは、ある意味、親の不満や暴力の〝受け皿〟になってきているわけですね。もちろん強いられた受け皿であり、押し付けられた受け皿であったのですが。しかし、それもある面、親の面倒を見てきたとも言えます。押し付けられた面倒見であるにしろ親を受け止めてきたわけですから、見方を変えれば、親の〝サポーター〟として生きてきたわけです。ですから、「あなたは親との過酷な歴史のなかで、図らずもサポーターの役割を果たしてきたのかもしれません。それが今のあなたのサポーターの資質にもなり得たのかもしれないですね」と、伝え返すことも可能なのです。

このように、病理の裏側にはクライエントの強みともなりうるような可能性が眠っていると言っても、あながち的外れではないでしょう。病理を病理として扱うだけではなくて、まずは病理の裏側の可能性から探り、それが自我支持の力を持った後に病理を病理として直視する局面を迎えていくのが、日常臨床や支援の現場に必要な観点ではないでしょうか。たとえば、マゾヒズムの病理なら、サポーターの資質のみならず、受け身的攻撃性からなる自己側の病理も、いずれ問われる局面が来るわけです。ですが、いきなりその病理から扱うのは、自我の脆弱群にとっては耐え難いですし、病理の直視にまで進まないセラピーの展開があるのも事実です。そのあたりは、第4章にて具体的にお示ししようと思います。

いずれにしろ、まずは病理の裏側の可能性を探り、自我支持を図ろうとするのが、内的マネジメントの考え方なのです。

E 「関係性のもたらす安らぎや快感」との連結

次は「関係性のもたらす安らぎや快感」との連結です。これは最もセラピストの個性の出るところですね。セラピーにおけるセラピストとの関係性は、確かにクライエントを支える力になります。クライン派のローゼンフェルト（Rosenfeld, 1987）も晩年指摘していますが、セラピストがどのような態度でクライエントに相対するか、それによって解釈の伝わり方だって違ってきます。冷たい中立的な態度か、温かい受容的な態度か、それは「目は口ほどに物を言う」類の非言語的な関係性の要素になりうるわけです。ローゼンフェルトは、分析家の中立性を装った無表情な声や冷淡な態度は、セラピーの弊害になりうるとまで言い切っています。

容易に想像されるように、こうした非言語的な関係性の要素はそのセラピストの持ち味であり、根本的には教えて身につくものではありません。この分野ですと、おそらく男性よりも女性のセラピストのほうが得意かもしれませんね。たまに大学院生などでも、存在自体が安らぎを醸し出すような柔らかい雰囲気を持った女子学生がいますが、ほとんど天性の持ち味としか言いようがありません。もちろん、それで必ずしもセラピー全体がうまくいくわけではありませんが、関係性作りにはとても寄与します。一方、男性セラピストでも、とても包容力のある人がいます。それは女性セラピストの柔らかさとは違った、おおらかさという男性的な器でしょうか。これまたクライエントには、安心感を与えますよね。

こうした非言語的な関係性の要素に関しては、従来分析的な心理療法ではほとんど取り上げられてこなかったかもしれませんが、先のローゼンフェルトの指摘のように、分析家のなかですら次第に注目されるようになったのは、たいへん喜ばしいことだと思います。心理療法も所詮人と人との関わりですので、機械が〝解釈〟しているわけではありません。解釈には、解釈する側の情緒の色合いが染められていたりします。特に、自我の脆弱なクライエント群では、解釈においても、〝何を言われたか〟よりも〝どのように言われたか〟のほうがこころに残るのです。彼らは言葉をそのまま信じられる世界で生きてきたわけではありませんので、言葉の裏にある漠たる情緒や雰囲気のほうに敏感に反応しやすいのは、周知のところでしょう。これに関しては、第4章において、より具体的にお示ししたほうがわかりやすいかと思います。

F 「考える自己」との連結

「考える自己」との連結に関しては、自我の脆弱群では考える機能をセラピストに預けてきてしまい、セラピストにお任せになることが生じたりします。それが次第にエスカレートすれば、セラピストが答えを出し、クライエントがそれに従うというような、従属的関係が定着してしまいます。その関係が進めば、クライエントはセラピストの〝仰せのまま〟のようなスタンスとなって、まるで〝教祖と信者〟のような関係性に陥ります。そうなると、自我強化どころか、クライエントの自我はますます従属的で、依存的で、寄る辺ないものと化してしまいます。

したがって、そうならないためには、クライエントの「考える自己」との連結が必要となります。具体的には、クライエントがアドバイスや支持を求めてきたときに、「あなたはどう思いますか」「あなたは私の言ったことに関してどう感じましたか」などの、クライエント自身の考え方や感じ方を問い返すやり方です。それによって、セラピーの関係性が一方的になることを防ぎ、クライエントの自我が従属的にならないように留意するわけです。あるいは、問い返すばかりでは、質問をいつも突き返しているような印象も与えかねませんので、クライエントの質問に答えた後、そのセラピストや支援者の答えに対してクライエントがどう感じたか、どう思ったかを聞いていくスタンスが良いでしょう。とりわけ支援の現場などでは、現実的なアドバイスをしたり、具体的なやり方を提示したりする機会も少なくありません。その際、あまりに援助－被援助の関係性が一方的になってしまうと、クライエントが依存的になりすぎ、考える力を持たなくなってしまいます。そうならないためには、「考える自己」との連結の視点が求められるわけですね。

さて、本項で述べてきたことは、従来の精神分析的心理療法の技法を否定しようとしているわけではありません。そうではなくて、従来技法を用いるには、今日の臨床においては自我の脆弱群の増加に伴い、その下準備が必要であることを強調したいのです。従来の技法を端から始めたのでは、クライエントの自我が耐えきれない、すなわち、陰性治療反応が生じやすいということです。

次に、内的マネジメントのもう一つの側面、すなわち「セラピストの昇華された陽性逆転移」の保持に話を進めたいと思います。

(2) 内的マネジメント②——「昇華された陽性逆転移」の保持

内的マネジメントのもう一つの側面としては、「昇華された陽性逆転移」の保持があります。逆転移に関してフロイトやクラインは、セラピスト側の病理であり、克服すべき課題であると考えていました。しかし、それ以降、逆転移に関する認識は大きく変化し、逆転移は、クライエントからの無意識的コミュニケーションをキャッチした結果としてのセラピスト側の情動的反応だ、というコペルニクス的発想の転回が起こりました。すなわち、クライエントの病理を感知するものとしての逆転移、ということです。この認識の転換に関しては、ハイマン（Heimann, 1950）という分析家が大きく貢献しています。彼女がクライエントからの無意識的コミュニケーションに対する逆転移という考え方を打ち出したのが、今日の逆転移論の嚆矢《こうし》とされています。今ではこれは、分析サークルばかりでなく、心理療法の分野においても広く受け入れられています。

ですが、逆転移論にはもう一つ、別の流れもあるのですね。その端は、やはりフロイトにまで遡ります。まず、逆転移概念の前にフロイトの転移概念の説明がいささか必要です。フロイトは転移をすべて、反復強迫された病理的なものと見なしていたわけではありません。転移のなかには、分析家とのラポール形成に寄与するような、「治療の担い手となる転移」（Freud, 1912）があることを明確にしています。この転移のことをフロイトは、陽性転移のなかの「愛着（affection）」に当たると考えました。フロイトは、精神分析においては、ラポールという分析家と患者の信頼に基づく関係性が基盤となり、患者は分析家にこころの内奥の秘密を話すことができるのだ、と述べています（Freud, 1913）。フロイトがラポールというような用語を使うのは、「鏡のような態度」といった分析家側の中立的な姿勢を重視する印象からは意外ですが、フロイトは、転移のなかにはラポール形成に寄与する健全なものもあると考えていたのですね。

逆転移に関しても同様です。フロイトは直接、逆転移という言葉を使って説明しているわけではありませんが、セラピーのなかでセラピストのクライエントに対する感情のなかには、「同情的理解（sympathetic understanding）」（Freud, 1913）が機能していることに言及しています。これは、先ほどの「愛着としての転移」

のカウンターパートとも言える逆転移であり、「共感的理解」と同義と考えてよいでしょう。もちろん、フロイトの逆転移論は、セラピスト側の病理であり、「克服すべき逆転移」(Freud, 1910) というアイデアがメインになっているのですが、もう一方では「共感的理解」と言うような、〝健全な逆転移〟に繋がる考想も示しているのですね。モネーカイルとラッカーの提示する逆転移論は、このフロイトの考えの延長上にあります。彼らは、それぞれ「正常な逆転移」「昇華された陽性逆転移」論として、フロイトの考えを発展させたと言えるでしょう。以下に簡潔に説明していきましょう。

A　正常な逆転移——親的なこころ、償いの念からくる思いやり

モネーカイル (Money-Kyrle, 1956) は、クライエントの幸せに関心を払うようなセラピスト側の逆転移に関して、「正常な逆転移」と定義づけました。これは、クライエントとの情緒的な葛藤に巻き込まれず、彼らの幸せに関心を寄せる、セラピスト側の情動的態度を指します。すなわち、セラピストには、クライエントに対する科学的好奇心だけではなく、「親的なこころ」や「償いの念からくる思いやり」が必要だというのです。前者においては、クライエントはセラピスト自身の過去の未熟で病的な自己と同一化され、セラピストには過去の未熟な自己に対するような親心が働きます。後者においては、クライエントはセラピストが過去に無意識的に傷つけた内的対象を表し、その内的対象に対する償いの念が働く、ということです。

こうした親的なこころや償いの念は、正常な逆転移であり、クライエントに対する「共感」の基礎を形成する、とモネーカイルは考えました。もっともモネーカイルは、セラピスト側の葛藤的な逆転移を除外しているわけではありません。セラピストに過剰にポジティブな気持ちや、過剰にネガティブな気持ちが働いているときには、クライエントの気持ちを見失ったり、理解し損ねたり、セラピーの障壁となるような逆転移がさまざ

まに生じていることを指摘しています。したがって、モネーカイルの言うような「正常な逆転移」は、セラピスト自身がクライエントとの関係性において、共感に基づく理解やセラピスト機能を発揮しているのかどうかを自らモニタリングするような、〝セラピストの基本態度〟として理解することも可能でしょう。

B 融和型逆転移――「昇華された陽性逆転移」

「融和型逆転移」は、ラッカー（Racker, 1968）の唱えた概念です。ラッカーはもう一つ、これと対となる概念として、「補足型逆転移」を唱えています。前者の融和型逆転移は、セラピストの幼少期の内的自己に同一化した結果生まれる逆転移であり、後者の補足型逆転移は、セラピストの幼少期の内的対象のほうに同一化した結果生まれる逆転移です。

前者から説明しましょう。モネーカイルの正常な逆転移と類似しますが、融和型逆転移においては、クライエントの体験や衝動や防衛と、セラピストの幼少期のそれらは、同一化されます。それによって、セラピストはクライエントの体験を〝わが事〟のように親身になり、共感的理解が可能になるというのです。これがセラピストの基本的態度として、ラッカーが「昇華された陽性逆転移」と位置づけたものです。それに対して補足型逆転移は、セラピストは、クライエントの体験に対して超自我的に批判を下す内的対象と同一化してしまうので、共感的理解は阻害され、クライエントに対して共感不全に陥るというのです。

もっともラッカーは、クライエントに対して融合的な一体化や、客観性を失ったようなセラピストの心的態度を推奨しているわけではありません。あくまでもセラピストがクライエントとの関係性において、どのような逆転移が働いているのか自己モニタリングする意味で、それらの概念の重要性を強調しているのです。すなわち、セラピストがクライエントに批判的だったり否定的だったりする気持ちが強い場合には、クライエントからの陰性転移の結果、セラピスト自身が自らの過去の超自我的な内的対象に同一化してしまっている可能性（「補足型逆転移」）を検討し、自らの立ち返るべき原点としての「昇華された陽性逆転移」（「融和型逆転移」）の意義を打ち出しているのです。モネーカイルの言う「正常な逆転移」と通底する、セラピストや支援者の基本的態度として、重要な視点です。

C　内的マネジメントとしての「昇華された陽性逆転移」

上記のモネーカイルやラッカーの逆転移に関する考え方は、セラピストや支援者側がクライエントに対するこころの態度として基本モデルとなり得ます。すなわち、私たちはクライエントに相対するとき、保護的で共感的な基本姿勢で臨む、ということです。これは松木（1998）の提唱する、セラピストは基本的に抑うつポジションの心的水準で機能すべき、という観点と共有されます。

ですが、これらは必ずしも陰性逆転移を私たちが抱いてはいけない、ということを意味しません。それはそれで、クライエントからの無意識的コミュニケーションを、私たちの逆転移という情動体験を通してキャッチしている可能性もあるからです。したがって、セラピストや支援者には、陰性逆転移をキャッチしながらも、なおかつ昇華された陽性逆転移も失わない、というパラドキシカルな心的態度が必要とされるのです。

さて、以上のように、自我支持と逆転移の観点から、内的マネジメントの二側面を見てきましたが、実のところ、これら二つは別々の二側面というより、相互に関連しています。なぜなら、セラピストや支援者が、クライエントに保護的な陽性逆転移やいたわりの念に基づく逆転移を保持していなかったら、クライエントに対して真に自我支持的な介入を行う気にならないからです。したがって、「昇華された陽性逆転移」の保持は、セラピストの自我支持的な方向性での内的マネジメントの基盤となる、と言っても過言ではないでしょう。

第2節　日常臨床のための精神分析の視点——内的マネジメントの活用技法

本節では、第1節で述べてきた内的マネジメントの考え方を、いかに実践的に活かしていくかをテーマにしています。したがって、その枠組みとして、「表出技法」「解釈技法」「関係性技法」「逆転移技法」を順に取り上げ、そこに先に説明した内的マネジメントの観点がどのように適用されていくかを、説明したいと思います。いささか重複する部分も出てきますが、重要な技法的観点となりますのでご容赦ください。

1　表出技法

心理療法と言えば〝気持ちの表現〟と言えるほど、表出技法は基本的な技法として重視されています。ですが、自我の脆弱なクライエント群にとっては、それが危険な落とし穴になることも珍しくはありません。そのあたりを、もう一度整理してみましょう。

(1)　表出技法の危険性——気持ちの表現の促しの危険性

自我の弱い人にとっては、気持ちを表現したり意識したりすることは、時にとても怖ろしいことでもあります。なぜなら、意識に昇ってきた気持ちが苦痛なあまり、こころに抱えることが困難だったりするからです。たとえば、よくある介入として、「それでどんな気持ちがしたんですか」「あなたはそれでどう思ったのですか」というような、クライエントの気持ちの表現を促す介入があります。この程度の介入でしたらよほどのことがない限り問題になることはありませんが、なかには口の重いクライエントにいろいろと質問を変えて、何とか話してもらおうとするセラピストや支援者もいます。その場合、少し考慮したほうがいいのは、「クライエントは話したくないのかもしれない」「話すのを怖れているのかもしれない」「関わるのを怖がっているのかもしれない」ということですね。質問されることが、クライエントにとっては内面に入り込まれるような気がして、とても侵入的に感じられたり、あるいは話してしまうと、後で自分のこころの中に抱え込めなくなる不安を感じたりしているのかもしれない、ということです。

さらには、気持ちの表現というと、ネガティブな感情の表現が重要だと考え、盛んにそれを引き出そうとするセラピストもいます。これは「解釈技法」に近くなりますが、「ここでは母親に対する憎しみが表現されていませんね」や、「私が休暇を取ったことに対して、あなたはとても怒られたのではないでしょうか」などです。分析系のセラピストにはよくある介入ですね。特に、ネガティブな情動を明るみにしようとするような介入です。

もちろん、これらの介入がいけないということではありません。ただ、この場合も少し考えたほうがよいのは、こうしたネガティブな情動の表現の促しが、クライエントにどのような影響を与えているか、ということです。ネガティブな情動が浮上してきたとき、それに持ちこたえられるだけの自我の強度を見込めるか、ということです。持ちこたえられるなら、ネガティブな情動も表現できるほうがいいです。主体性の強化になり得ますから。ですが、往々にして、持ちこたえられない場合も少なくないことが見逃されているのではないか、ということです。そこの斟酌なしに気持ちの表現の促しを推し進めれば、クライエントの自我は悲鳴を上げ、行動化に繋がります。気持ちに持ちこたえられなければ、暴発するしかないですから。憎しみに持ちこたえられなければ、被害感が強くなったり、自傷行為に繋がったり、衝動性が高まったり、いわゆる「陰性治療反応」が起きるわけですね。要は、自我の脆弱群に対しては、従来のオーソドックスな技法を最初から当てはめるのではなくて、手順を踏む必要がある、ということです。

(2) 日常臨床のための表出技法――苦痛な情動を「抱えようとする自己」との連結

自我の脆弱群に関しては、〝気持ちの表現の促し〟の前に〝気持ちを抱えること〟が必要な場合が少なくありません。たとえて言えば、ダムと同じでしょう。ダムには河川の水を貯えられる器の機能があるからこそ、大量の水が奔流と化し、洪水を起こしてしまうことを阻止します。それと同じく、自我機能にも、情動を抱える器の機能が必要です。したがって、まずは自我のダム作りのために、情動を奔流させないための関わりが必要となるでしょう。それには、内的マネジメントにおける「抱えようとする自己」との連結が必要となります。

前節で述べたように、「辛い気持ちをここで話したい一方、それを話してしまうと気持ちが溢れてしまいそうになるので、話さないように抱えようとしているんですね」など、気持ちを抱えることの意義を伝え返したりします。こうした場合には、往々にしてクライエント自身も、気持ちを話してしまうと気持ちが溢れ出てしまうのではないかと思って、あえて口をつぐもうとしている場合も珍しくないわけですね。そのような場合は、本人の話さないようにしようとしている努力を、セラピストが理解していることの伝達にもなります。

あるいは、もっとダイレクトに伝えることもあります。「今は気持ちを話すことよりも、こころに留めておいたほうが良いですね」「気持ちを話すことよりも、こころに留めることが課題ですね」など、端的に言うこともあります。とかく自我の脆弱なクライエントのなかには、話すことで楽になると思い、盛んに気持ちを吐き出そうとする人がいます。その場合、情動の〝垂れ流し〟に近くなるわけです。そうなると、むしろ気持ちのコントロールがつかずに、話せば話すほど気持ちに振り回されるような状態がひどくなります。逆に不安定になっていってしまうわけですね。

日常臨床においては、〝気持ちの表現を促すこと〟の前に〝気持ちを抱えること〟の手順を踏むこと、あるいはそのバランスを取ることの必要な場合が、少なくありません。

2 解釈技法

解釈の目的は、耐え難い心的真実や無意識の気持ちにアクセスすることによって、こころの全体性を回復させることです。それはフロイト以来、変わらぬテーゼと言ってもよいでしょう。したがって、解釈と言えば精神分析と言うほど、精神分析の得意技と言えます。

解釈によってこころの全体性が回復したり、自我強化に繋がったりするなら、もちろんそれはそのほうが良いわけですね。ですが、解釈というのは、「心的苦痛へのアクセス」です。すなわち、クライエント本人の防衛している気持ち、気づきたくない気持ちへのアクセスを図ろうとするものです。したがって、そこにはやはり、自我の強度が当てにされないといけません。自我の強度がなければ、苦痛な情動へのアクセスは、自我の防波堤を突破したり、こころの〝底抜け〟を引き起こしたりしかねません。ですから、日常臨床においては工夫や手順が必要となります。その工夫や手順を説明する前に、まずは「解釈技法」によってどのような危険性がもたらされうるか、いくつかの項目に分け、整理してみましょう。

（1）解釈技法の危険性――とりわけネガティブな情動の解釈

精神分析の解釈というのは、とりわけネガティブな情動に焦点を当てた解釈が自ずと多くなります。なぜならば、ネガティブな情動こそ、クライエントの心的苦痛の元となりやすいものですし、そうした情動こそが防衛されやすいからです。ですが、日常臨床のような、週一回や、二週に一回程度の関係性の薄い構造では、セラピストとの関係性によってクライエントの自我を支えることが困難ですので、次のような危険性が孕《はら》んでいることを考慮しなければなりません。

A 陰性治療反応の頻発

たとえば、「誰からも愛されていないように思えて苦しいんですね」や、「面接のキャンセルは、あなたの私に対する怒りの表現かもしれませんね」など、精神分析の解釈というのは、心的苦痛にアクセスしようとするものです。ですから、とかく無意識のネガティブな気持ちに焦点を当てることが多くなります。

精神分析的な心理療法においては、このような陰性転移の解釈や攻撃性の解釈などが、常套手段として使用されることも珍しくありませんが、とりわけ日常臨床における自我の脆弱群においては、これに持ちこたえるに足るだけの自我の強度を推し量らねばなりません。その斟酌なしに、ネガティブな情動の解釈を行っていくことは、クライエントの自我に過重な負担をかけ、自傷行為や行動化など、いわゆる「陰性治療反応」の頻発を招きかねません。

B 悪い自己像の増幅

これもやはり、自我の強度を慮《おもんばか》った斟酌です。ネガティブな情動や考えに焦点を当てて解釈を行っていくことは、それに耐えられなければ「悪い自己像」を増幅しかねません。すなわち、自己像の悪さを〝後押し〟してしまうのです。たとえば、「あなたは本当は母親に怒りを持っているのですね」「あなたが私に見捨てられると思っているのは、私に対する怒りがあるからでしょう」など、怒りや憎しみを解釈することは、自己像を悪くすることに加担しかねません。なぜならば、これも〝陰性治療反応の頻発〟と同じことですが、それを受け止めるに足るだけの自我の基盤が弱いからです。したがって、「そんな憎しみを持っている自分のほうが悪い人間ではないか」「憎しみのような醜い気持ちがあるなんて、自分には何も良いところがない」など、自己否定感を強くしたりします。

C セラピストとの早すぎる分離感

これも、とりわけネガティブな情動の解釈に類することですが、そうした解釈が〝早すぎる分離感〟を招いてしまうことに、留意する必要があります。自我の脆弱なクライエントが、セラピストに信頼感を向けようとする兆しが芽生えてきたときに、たとえば「私に対する不満を表現していませんね」などと陰性転移解釈をしたりすると、せっかく近づこうとしているところに水をぶっかけてしまうというか、突き放してしまうような影響を与えてしまいます。陰性転移解釈や攻撃性の解釈は、セラピストを客体化させ、融合することを押し留める〝効果〟を持ちます。

もちろん、温かな気持ちの芽生えの下にネガティブな情動が底流していることは、珍しくはありません。ですが、それを取り上げるには〝早すぎる〟わけですね。分析畑のセラピストのなかには、好んで陰性転移の解釈をしたがる人がいますが、そこにはセラピストのほうこそ、クライエントから近づかれることに不安を覚え、それで早すぎる分離を招くような転移解釈を行っている可能性に、注意する必要があるでしょう。

(2) 日常臨床のための解釈技法――ネガティブの扱い方

では、日常臨床において、解釈はどのように用いるのがよいのでしょうか。自我の脆弱なクライエントに対する内的マネジメントの観点から考えてみましょう。

なお、解釈技法は日常臨床においても、クライエントの自己肯定感や自我強化を言葉で図ろうとする、大事な技法となります。言葉はそれだけクライエントの自己像を良くも悪くもするからです。したがって、使い方を間違えると大事に至りますので、注意して取り組む必要があります。

A ネガティブな情動の裏にある「良い対象への信頼・希望を持つ自己」との連結

自我の脆弱なクライエント群に対して、ネガティブな情動や考えの解釈から入るのは得策ではありません。まずは自我の基盤作りとしての自我支持が必要となります。彼らにとっては、もはやネガティブな情動は、裏側に回る無意識ではありません。ネガティブなほうが常態であり、いつもぼんやりと意識されている気持ちと考えたほうがよいでしょう。したがって、ネガティブな情動や考えの解釈は、彼らの自己や対象に対する否定感を後押ししているだけの仕業になりかねません。むしろポジティブな情動や考えのほうが裏側に回ってしまって、意識から遠くなっているのです。

したがって、日常臨床のための解釈技法では、ネガティブな情動の裏に回ってしまっている「良い対象への信頼・希望を持つ自己」への連結を図ろうとします。そこからアプローチして、こころの基盤を少しずつ強化するという手法です。前節で挙げた「あなたは私があなたのことを見捨てようとしていると感じる一方で、信頼したい気持ちも感じているのかもしれませんね」や、ほかにも「母親に対して恨んでいる気持ちはあるけれども、本当は愛されたかったんですね」などです。後者の例ですと、恨んでいる気持ちは、もはやクライエントにとっては自明なわけです。それよりも、「本当は愛されたかった」という気持ちのほうが、意識し難い心的真実だったりするのです。自我の脆弱群の場合、むしろ、ポジティブな情動のほうが意識化し難いことを理解する必要があります。

B 人、自然、モノなど「良い対象と繋がる心地良さを体験できる自己」との連結

自我の脆弱な場合、見捨てられ不安の解釈などを通して、対象像の修正はよく取り組まれるところです。しかし、対象像が良くなっても自己像が依然として悪いままのことは、あまり問題視されないように思われます。すでに述べましたが、「セラピストは良い人だが、私自身はダメな人」という構図が変わらなかったりします。そこで必要なのが、対象の良さを自己の良さに連結するための解釈です。対象の良さが理解できるのは、それを感受できる自己の良さがあるからにほかなりません。

その対象がセラピストなら、前節で挙げたような「私のことが次第に信頼できるようになってきたのは、あなた自身のなかに人を信じようとする気持ちがあるからでしょうね」などと、「自己の良さ」との連結を図ります。あるいは、対象が自然やモノであってもよいわけです。その場合なら、これも前節で挙げたような「あなたが星に惹かれるのは、あなたのなかにも自然の純粋さと通じ合うこころの純粋さがあるから、星に魅せられるのでしょう」などと、繋げていくわけですね。

ただし、こうした解釈がこころに響く言葉になるためには、単にそれを使えばよいというわけではありません。セラピストや支援者自身が〝本当に〟そう思って言う必要があるわけです。単にお世辞やご機嫌を取るために言うわけではなくて、少なくともこころのある一部分では、実際にそう思って言っているわけです。実のところ、それには前節で挙げたような、内的マネジメントとしての「昇華された陽性逆転移」が関わっています。セラピストや支援者自身のこころのあり様として、クライエントの成長を願う保護的な親のこころを保持していたり、クライエントの傷ついているこころに対するいたわりの念などがあったりするからこそ、そうしたクライエントの成長の可能性に向けた言葉が真実味を帯びるわけですね。

このように、内的マネジメントの自我支持の観点には、その底に一貫して「昇華された陽性逆転移」が流れている必要があるのです。

C 病理の裏側にある「可能性を持つ自己」との連結

すでに述べましたように、病理はクライエントの生きてきた歴史でもあります。したがって、セラピストが病理を修正しようとする観点のみでクライエントに対峙すると、クライエントのこころの傷の追い打ちになりかねません。なぜなら、自らの生きてきた歴史を否定されるような気持ちになりうるからです。したがって、そこには病理を活かす視点としての、「複眼の視点」が必要とされます。病理の裏側には「可能性を持つ自己」が眠っているかもしれないという視点を持つことが、クライエントに対する自我支持的なアプローチとなりうるのです。

たとえば、前節で挙げたように「虐待のなかでここまで生き抜いてきたのだから、あなたには並外れた我慢強さもあるのでしょう」、さらには「虐待を受けてきたあなたは、無力なばかりではなく、ある意味親をサポートしてきたのかもしれませんね。親へのサポートは苦しくて出口のないサポートとなりましたが、でもすべてが無駄だったわけではなく、あなたのなかには人をサポートする資質も、自ずと形成されているのかもしれません」などと言葉を送ったりします。

自我の脆弱なクライエントの場合には、逆説的ですが、病理の持つ可能性にアクセスできた後に、初めて病理の持つ危険性を扱うことも可能となるのです。一直線に病理の持つ弊害から首を突っ込んでいくのは、大いに危険性が伴うのです。

D どの意識水準まで解釈するか

以上のように、内的マネジメントのアプローチによる解釈技法を述べてきましたが、おわかりのように、おおむね自我支持的でサポーティブな介入です。それによって、良性の自我の基盤を育もうとする目的です。ですが、もちろん解釈は、このような自我支持的なアプローチばかりではありません。私たちセラピストや支援者が日常臨床において意識したほうがよいと思われるのは、私たちの解釈や介入が、クライエントの意識から無意識までのどの水準に焦点を当てているのか、ということです。分析の原理的な考え方では、セラピストのこころに浮かんだことをそのまま伝えるのがクライエントとの真の関わりを生む、というものがあります。それはそのとおりかもしれませんが、日常臨床の面接頻度や構造のなかで、それをそのまま実践するのでは、セラピストの独り善がりになり得ます。面接頻度にしろ、そこまでクライエントを守るだけの外的構造が担保されていないからです。こころに深い影響や傷を与え、次に会うのが一週間後、二週間後、はたまた一カ月後では、無責任のそしりを免れません。したがって、日常臨床において解釈は、自我の脆弱さを補強し、その基盤の確保のうえに、こころの暗部に進むという手順が必要となります。こころの暗部とは「悪い自己」であり、次に解釈はその部分との連結を図ることになります。このことは後の第3節にて述べましょう。

3 関係性技法

精神分析的心理療法ならずとも、心理療法や支援には、必ずクライエントとの関係性が重要な要素として介在します。それが転移の表れのように表に出てくる場合もあれば、背後から関係性を動かしている場合もあります。

ここで関係性という用語を使ったのは、転移が関係性のすべてではない、と考えるからです。転移には、フロイトが述べているように「抵抗となる転移」と、ラポールに繋がる「治療の担い手となる転移」があります。ですが、セラピストや支援者との関係性には、転移以前に、そもそも相性のようなものもあります。そこまで含めて、関係性のあり方について検討していきたいと思います。

(1) 関係性技法の危険性——ネガティブな関係性への注目の偏り

クライエントとの関係性として、精神分析的心理療法を志向するセラピストほど注意を払いやすいのは、ネガティブな関係性でしょう。そうしたセラピストは、転移解釈するか否かは別にして、ネガティブな関係性がセラピーの進行に対して障壁になることに敏感です。すなわち、フロイトの言う二種類の転移である「抵抗としての転移」と「治療の担い手となる転移」の、前者のほうに注意を払いやすいわけですね。

しかし、自我の脆弱なクライエント群に関しては、抵抗としての転移、すなわちネガティブな関係性に焦点を当てていくのはあまり得策とは言えません。なぜなら、彼らの意識に近いのは、むしろセラピストとのネガティブな関係性のほうだからです。彼らの愛着や信頼などのポジティブな関係性の感覚は、むしろ背景に退いていることが珍しくはありません。ですから、セラピストがネガティブな関係性に注意を集めることは、彼らの漠然と感知されているネガティブな関係性の感覚を、より鋭敏な方向に導いてしまう可能性が高くなります。

そもそも自我の脆弱なクライエントたちは、親との関係において、悪い対象関係が優位なわけです。見捨てられ不安どころか、実際に虐待やネグレクトなどによって〝見捨てられ〟を経験してきているクライエントも珍しくはありません。もはや見捨てられ不安という〝空想〟ではなく、見捨てられたという〝現実〟なわけです。その反復強迫として、学校生活ではいじめに遭い、その苦痛から逃れるために自傷行為や解離などでかろうじて生き延びてきた人たちです。そうした人生の歴史を引きずっているクライエントに対して、ネガティブな関係性のほうにセラピストが注意を集めれば、それは非言語的なメッセージとして、クライエントに対してもネガティブな関係性への意識づけを後押しするような仕業にもなりかねません。

さらに、自我の脆弱なクライエント群の場合には、セラピストが中立的で受け身的な態度を取っていることすら、時にネガティブ・メッセージの表れのように受け取られます。このあたりのことは現代クライン派のローゼンフェルトも言っていることですが、セラピストの無表情な声や質問に答えない態度など、従来の精神分析では中立的でよしとされた態度自体が、時に自我の脆弱なクライエントに対するネガティブ・メッセージになりかねないのです。それほど彼らは、セラピストや支援者との友好な関係性、すなわちフロイトの言うラポールに基づく「治療の担い手となる転移」を形成する力が弱いのです。ですが、これなくしては、セラピーや支援は早晩中断してしまいます。

したがって、日常臨床においては、まずは関係性の基盤作りから始める必要があります。すなわち、セラピーや支援の入り口として良性の関係性を形成し、必要以上にネガティブな関係性が高まらないような工夫が要請されます。しかし、このことはネガティブな関係性や陰性転移を排除しようとするものではありません。いずれそれらのネガティブな要素は、セラピーや支援のなかで否応もなく表れ、扱うことが必要な局面も訪れるかもしれません。その際には、それらネガティブな関係性の表面化に対して、分析的に解釈したり、マネジメントしたりなどの必要性が出てくることでしょう。しかし、そこにたどり着くまでの前段階でネガティブな関係性のほうが圧倒してしまえば、端からセラピーや支援の関係性は破綻します。その弊害を防ぐために、自我の脆弱群の場合には、まずはポジティブな関係性をいかに醸成するかの下準備から始めることが必要となります。

(2) 日常臨床のための関係性技法——良性の生きた関係性のために

では、セラピーや支援のポジティブな関係性作りのアイデアとしては、どのようなことが考えられるでしょうか。以下に整理していきたいと思います。

A 面接場面の設定——60度法、90度法、並行法など

まず、外的構造である面接場面の設定から、検討していきたいと思います。人にもよりますが、真正面に向かい合って面接するというのは、お互いの間に空間的ゆとりをなくします。いわゆる間がなくなり、お互いが自らのこころに沈潜するゆとりや、沈黙を許容する時空間を奪いやすいです。そのため、クライエントの緊張感を招きやすく、被害的心性にも傾きやすくなります。

従来、面接場面の設定としては、こうした対面法のほかに、90度法や並行法などの面接スタイルがありまし

た。前者は、机の角を挟んで座る方法で、医師の診察などでよく用いられます。後者の並行法は、セラピストとクライエントが横並びに同じ方向を向いて座るスタイルで、精神分析的な心理療法ではたまに用いられるようですが、いささか不自然な座り方かもしれません。私が勧めるのは、アメリカ精神分析学会の雄であるギャバードの方法（Gabbard, 2010）ですね。60度法と言いますか、セラピストとクライエントの眼差しの向かう先が、数メートル先で交点を結ぶような座り方です。この方法ですと、対面よりもお互いの視線を外した角度になりますが、必要ならすぐに相手の表情を見ることもできる角度なのですね。それほど不自然さはありません。

要は、対面法のような正面向きでは、視線と視線を合わすほかないところがありますし、そのぶんお互いの間合いをなくします。そのため、自らのこころを見つめる作業よりも、何か話さなければというプレッシャーのほうが強くなり、関係性のゆとりを殺いでしまい、結局のところ被害感やネガティブな感覚のほうを強めてしまいます。このように、自我の脆弱群には、ハード面である外的構造の設定から考えることも必要なのです。

B 「関係性がもたらす安らぎ・快感」との連結――セラピスト側の真正な態度

これに関しては、セラピストや支援者の持ち味が出るような領域ですね。先に関係性の持つネガティブな側面への着目に関して注意点を述べましたが、ここは関係性の持つポジティブな側面の活用ということになります。セラピストや支援者の前言語的に醸し出す雰囲気によって、クライエントは随分と安心感や保護感が得られるものです。

もっとも、そうした安心感を抱くことができるとするなら、それはクライエントの側にもそれを感受できるこころの受容体があるからです。そこには、無意識の非言語的なセラピストとクライエントの〝連結〟があるのです。セラピストや支援者が関係性のなかにポジティブな眼差しを送り遣《や》ることにより、ポジティブな関係性は育まれうるし、その眼差しや雰囲気や関係性の持ち方自体に、セラピストの持ち味が発揮されるところです。しかし、関係性のポジティブな側面と言っても、それは当然のことながら偽りや見せかけであってよいわけがありません。そこには〝真正さ〟が必要とされます。このことは、ロジャースの言う「自己一致」と同じことではないかと思われます。

とかく心理療法や支援においては、共感、受容、あるいは相手の身になって考える、などということが強調されます。ですが、〝共感しなければ〟と思って共感することが、共感なのでしょうか。あるいは、〝他者の身にならなければ〟と思って思いやることが、思いやりなのでしょうか。そうばかりとは言えませんよね。それは、単にそうしなければと思ってそうしているだけで、必ずしも〝本当にそう思っている〟とは限らないわけです。

そうしたうわべの態度というのは、セラピーや支援においては手始めの関わりを作るうえで必要だったりもするのですが、極力少なくしたほうが、そこに〝関係性の真実味〟が出てくるように思われます。いわゆる、ごまかしのなさや手応え感が〝生きた関係性〟を作るのです。

余談ですが、最近売れているタレントを見ていると、辛口だったり毒舌だったりするものの、そこにそのタレントの〝存在感〟が感じられる人が多いのではないでしょうか。それは、視聴者も口当たりの良い、万人受けするような生半可なコメントにリアリティを感じなくなり、もう少しタレントからの〝手応え〟を求めているからではないでしょうか。それと同じことだと思います。セラピーや支援においても、〝関係性の手応え〟が求められるのですね。それには、セラピスト側の真正な態度が大いに係わってきます。その意味で、セラピストや支援者は、〝共感できないこと〟に〝真正〟である必要があるのです。共感できないことに「自己一致」する必要があるのです。ですが、「あなたには共感できない」「あなたのことは好きになれない」と言っていいわけでもありません。それは前節で述べた「昇華された陽性の逆転移」と矛盾するからです。セラピストや支援者は、あくまでも〝保護的な親〟の立場です。その座から降りていいわけではありません。

しかし、関係性や面接プロセスによっては、「あなたに共感できない」という発言が、保護的な親の座から降りていいわけではないこともあるでしょう。その場合には、セラピストとの関係性の〝真正さ〟から、クライエントは何かの気づきを〝衝撃〟とともに得る可能性すらあります。

このように、セラピストや支援者には見せかけやうわべではない関わりが求められ、それがポジティブな関わりとして自己一致していれば、言うことはありません。ですが、そうでない場合も関わりの〝真正さ〟が求められ、その葛藤のなかで、なおかつ〝真正であろう〟とし続ける必要があるのです。その場合の〝真正さ〟とは、子どものことが可愛く思えなくても、なおかつ保護的な親であろうとする、親の苦悩に似たものかもしれません。ですが、その〝ねじれ〟や〝パラドックス〟のなかから、新たな〝生きた関係性〟が創出される可能性もあるのです。私たちが自らのネガティブな気持ちを覆い隠し、偽ってしまったら、その可能性は奪われることでしょう。

C　セラピスト側の自己開示

セラピストの自己開示に関しては、精神分析のなかでもさまざまな立場があるところです。ここでその議論に深く首を突っ込むのは避け、もう少し日常的な関わりのなかでその意義に関して検討してみましょう。

セラピストの中立性や質問に答えない態度が、時にクライエントには冷淡さや関心のなさと映ることについては、先に取り上げたとおりです。特に、支援の現場や教育現場などで日常的に利用者や生徒に関わったりすると、プライベートな話題も自然と会話に上ります。その場合、セラピストや支援者がどこまで答えるかは、その人の教育されてきた背景にも拠るでしょうが、人柄が表れるところでもあります。なかでも相手が思春期までの若いクライエントの場合、セラピストや支援者が、生きるうえでのモデルや見本となる場合も少なくありません。そのような場合、頑《かたく》なに年齢や結婚の有無、さらにはこの職業に就いた理由などを話さない態度というのは、クライエントの親密性への欲求を殺《そ》いでしまい、良好な関係性への導入を困難にしかねません。

さらには、セラピストや支援者のなかには、クライエントから話を聞き出すのがあたかも仕事だと思い、盛んに質問を重ね、何とかクライエントの重い口から気持ちや考えを引き出そうとする人がいます。こうした場合、自我の脆弱な人たちにとっては、それが侵入や押しつけがましさに映り、ますます口が重くなったりしてしまいます。思春期のクライエントたちも、一方的に話を聞き出されるのを好まないことは少なくありません。

このような場合、セラピストや支援者が自らの考えや気持ちを小出しにしながら、関係作りを進めるのが良いでしょう。「そんなふうに言われたら嫌な気もするよね」「私だったらこんなふうに言うかもしれないね」など、セラピスト側の気持ちや考えを、多少なりとも「自己開示」しながら話を進めていくわけです。ほかにも、児童や思春期のクライエントでしたら、アニメやテレビの話を一緒にすることもあるでしょう。とりわけ若いクライエントの面接においては、気持ちの表現や洞察の前に、一緒に会話や関わりを楽しむという側面が大いに重要となります。従来の精神分析的心理療法においては、面接における〝楽しむ〟という要素が、とかくないがしろにされてきたきらいが、なきにしもあらずです。

私は臨床経験を経るにつれ、精神分析の中立性、受け身性は、むしろ関係性作りを阻害する面も大きいと思うようになりました。クライエントの会話に耳を傾けていて、常に平静な態度というのはむしろ不自然です。自然に驚いたり、喜んだり、落胆したりなどの大げさすぎない態度は、むしろクライエントとの関係性の実感をもたらします。私は若い人の指導などにおいては、まずはセラピスト自身が面接を楽しめることや正直に関わることを重視します。特に、クライエントが児童や思春期の場合、大学院生など初心者が一緒に楽しんだり正直に関われるかどうかは、かなり重要な関係性作りの要素となります。楽しむというのは、先に述べた会話や関わりを楽しむという以外にも、たとえネガティブな話の内容やクライエントの様子であったりしても、セラピストや支援者自身がその関係性をごまかしなく味わえるか、ということも含みます。そこに真摯に関わる気持ちがあるのなら、時にはセラピストが正直に不快な態度を示してもいいわけです。ですから、セラピストや支援者側の不必要な自己開示や自己表現は慎むべきですが、自然に感情を表したり楽しんだりするのはむしろ大事なことだと考えています。

自己開示のなかには、このようなセラピストや支援者側の自然な気持ちや態度の表現も含まれ、それがむしろ生きた関係性作りに寄与する場合も少なくないと考えて、差し支えないでしょう。

4　逆転移技法

今日逆転移は、セラピーや支援の現場で、ますます重要なコミュニケーションのツールと見なされるようになってきました。と言うのも、言葉が信頼できるコミュニケーション・ツールとして当てにできないクライエントたちが増えているからです。言っていることとやっていることが矛盾していたり、裏腹だったりするクライエントは、決して珍しくはありません。それは何も彼らを責めているわけではなくて、言葉と行動が裏腹なことによって、かろうじてこれまで生き延びてきた〝歴史〟を示してもいるのです。虐待のサバイバーがその典型でしょう。彼らは嘘やごまかしを使うことによって、ようやく生き延びる術が得られたのかもしれません。

このように逆転移は、今日ではクライエントからの無意識のコミュニケーションを理解する重要なツールとなります。したがって、セラピストや支援者が、クライエントと関わっていて〝何を感じるのか〟〝どう思うのか〟が、関係性を理解するうえで決定的に重要な役割を果たします。

さて、こうしたコミュニケーション・ツールとしての逆転移論の文脈は、ハイマン以来、クライン派のなかで発展してきたものです。すなわち、逆転移はクライエントからの無意識的コミュニケーションをキャッチした結果としての、セラピスト側の情動的反応という考え方です。ですが、逆転移論にはもうひとつの系列があります。フロイトの「同情的理解（sympathetic understanding）」にまで遡ることのできる〝健全な逆転移〟論です。前節で触れましたように、それがモネーカイルの「正常な逆転移」やラッカーの「昇華された陽性逆転移」に発展しました。

これら逆転移の有用な活用に入る前に、日常臨床における逆転移の活用の危険な側面から説明しましょう。

(1) 逆転移技法の危険性——ネガティブな逆転移への着目の偏り

精神分析のサークルですと、逆転移と言えば眠気、苛立ち、怒り、退屈さなどのネガティブなものが俎上《そじょう》に載ることのほうが多いでしょう。それはそれで意味があります。なぜなら、病理の重いクライエントは悪い対象関係が優位ですので、それが非言語的、無意識的メッセージとしてセラピストに伝達されてくることがしばしば起きるからです。したがって、その逆転移として、セラピストにはネガティブな情動が自ずと喚起されたりします。

さて、そうしたネガティブな逆転移が生じることは否定されるべきものではないのですが、要はその取り扱いをどうするかという技法的問題が残ります。精神分析の原理的な方法論ですと、それは機を見て解釈する手法が採られます。なぜなら、ネガティブな無意識の情動や考えを意識に統合していくことは、根本的な自我強化に繋がる重要な手段になりうるからです。しかし、それは治療構造が週何回もの面接頻度が確保されたうえでの手法であり、そうしたセーフティーネットの準備されていない日常臨床においては、危険性のほうが上回るでしょう。

たとえば、セラピストが自らのネガティブな逆転移を手掛かりに、クライエントとの対象関係を見捨てられ不安に基づくものと理解し、「あなたは私があなたを見捨てるように感じられて、とても怖いのでしょう」と解釈したとします。この解釈がクライエントのこころに抱えられるものであり、クライエント自らが、見捨てられ不安に由来するセラピストへの不信を理解できれば、それに越したことはありません。ですが、自我の脆弱群の場合には、そうなるとは限りません。むしろ、その解釈がセラピストの意図とは逆に、セラピストからの〝攻撃性の突き返し〟と受け取られたとしても、珍しいことではありません。もしセラピストの解釈が裏目に出たとしてもそれを扱えばいいではないか、という原理的な主張もあり得ますが、臨床の実際ではいったん悪い対象関係が優位になれば、日常臨床の枠組みのなかでそこを乗り越えることは、なかなか容易ではありません。したがって、日常臨床においては、まずは手順を踏み、内的マネジメントの観点からセラピーを安全に進める必要があるのです。

（2）日常臨床のための逆転移技法——昇華された陽性の逆転移

A ネガティブな逆転移の裏にあるポジティブな側面への着目

先述のように、今日の精神分析志向の心理療法では、ネガティブな逆転移に注目が偏るきらいがあります。ネガティブな逆転移自体はもちろん、クライエントからの無意識的メッセージとして意味のあることですが、自我の脆弱群に対してはその扱いに関して考慮する必要があります。

内的マネジメントの観点から考えてみましょう。ネガティブな逆転移をどう扱うかですが、ここでも「複眼の視点」が重要です。すなわち、ネガティブな情動体験の裏に潜む、クライエントの「心的苦痛」を読み取る視点です。たとえば、退屈さの逆転移は、クライエントのこころの〝空虚さ〟を伝えてきているのかもしれません。眠気は、クライエントの人と関われないことの〝絶望〟を伝えてきているのかもしれません。苛立ちは、クライエントの関わりたくても関われない〝焦燥感〟を伝えてきているのかもしれません。このように、セラピストや支援者は、自らのこころを複層的な受容器官として機能させる必要があるのです。

なお、ネガティブな逆転移に関するこうしたマネジメントは、ネガティブな要素自体を排除しようとしているものではありません。もちろん、ネガティブな逆転移には、攻撃性の感情や思考が含まれています。ただし、自我の脆弱群の場合、その攻撃的要素の扱いからいきなり始めるとクライエントの自我が〝底抜け〟するので、まずは自我の基盤作りから始めようとするのが、内的マネジメントの観点です。

B 昇華された陽性の逆転移の保持

第3章第1節の2で述べたように、セラピストや支援者には、親的で健全な陽性逆転移を保持する務めがあります。しかし、それはネガティブな逆転移を排除したうえで成り立つような、〝見せかけ〟の保持のあり方で良いわけがありません。したがって、セラピストはネガティブな逆転移を、前項で述べたように「複眼の視点」で昇華しようと努めながらも、なおかつ昇華しきれないネガティブな情動と対峙し、〝親の座〟から降りないというパラドキシカルな態度を生きる必要があります（祖父江 2018）。もっとも、本来親というのは、子どもに対して時にひどく腹を立てながらも、なおかつ子どもの成長を手助けしたいと願うものですから、そもそも〝親業〟はパラドキシカルなものなのですが。

ちなみに、昇華された陽性の逆転移を保つのは、想像以上に困難なことです。私たちは知らず知らずの間に、〝健全な親の座〟から滑り落ちてしまうようなクライエントとの関係に嵌《は》まり込みます。いかに滑り落ちずに健全な逆転移を保つかですが、それにはすでに述べたように、モネー-カイルの言う「親的なこころ」、ラッカーの言う「融和型逆転移」、ビオンの言う「複眼の視点」、松木邦裕の言う「抑うつ水準で機能すること」など、さまざまなこころの働き方が参考になります。ですが、その実際に関しては事例をもとに示していくのがわかりやすいので、逆転移の技法に関しては、第4章においてさらに具体的に示すことにしましょう。

第3節　さらなるこころの暗部（病理）に進むには——クライン派から学ぶ

さて、ここまで自我の脆弱群に対する内的マネジメントによる支持的なアプローチに関して述べてきましたが、それは健全な自我の基盤を形成しようとする営みでした。ですが、人のこころの暗部には、邪《よこしま》な欲望やネガティブな情動が蠢《うごめ》いていることも自明です。従来、精神分析においては、そうしたこころの暗部にアクセスする技法が、フロイト以来脈々と受け継がれてきました。したがって、内的マネジメントによる自我強化が図られた後には、さらにこころの暗部へのアクセスが検討されてもよいでしょう。もしそれが可能になれば、ネガティブな情動や邪な欲望が自我のなかに組み込まれ、さらなる自我強化が図られるからです。

1　クライン派の描く〝破壊性への嗜癖〟

今日、人のこころの闇を理解するうえで、破壊性の問題は避けては通れません。人間の〝原罪〟と言ってよいほどの破壊性の問題を取り上げたのは、フロイトが先陣を切りましたが、臨床の俎上《そじょう》に載せたのはクラインです。ここでしばらく、クライン以降、クライン派が展開してきた〝破壊性理解の軌跡〟をたどってみましょう。

(1) クラインの描く破壊性の二種

クラインは破壊性の文脈を、二通り示しました。一つは「妄想分裂ポジション」であり、もう一つが「抑うつポジション」における破壊性です。このポジション論は早期自我発達論ですが、クラインは最早期のこころの発達を、破壊性からの防衛プロセスとして理解しました。すなわち、生後直後の乳児のこころは、母親からの分離に伴う「破滅恐怖」におののき、その恐怖を母親の体内へと盛んに投影同一化することにより、破滅から身を守ります。しかし、投影された「破滅恐怖」は、今度は母親からの「同害報復」(仕返し)として跳ね返ってきて、それが「迫害不安」を形成する、というのです。すなわち、生後二、三カ月頃までの最早期の発達段階である妄想分裂ポジションにおいては、乳児のこころは、破壊性優位の心的世界や同害報復に基づく悪い対象関係から成り立っている、ということです。クラインは、この心的世界や対象関係が基本となれば、統合失調症などの重篤な病理形成の根を準備すると考えました。

なお、この悪循環から逃れる術は、「良い対象関係」が上回ることであるとクラインは説いています。クライン自身は、良い対象関係が上回るには乳児の健康な素質によるという素質論を主張しましたが、環境要因を無視していたわけではありません。母親側の世話や養育の必要性はきちんと指摘しています。ただし、第1章第2節の1でも述べたように、クラインは〝環境側には問題がない〟という前提で論を進めています。すなわち、環境(母親)が実際に悪い対象であることは想定されていないのです。悪い対象と見えているのは自己側の攻撃性の投影である、という観点は一貫しているのですね。ですから、環境側の養育の重要性は認めているものの、その養育自体がひどい養育であることは想定しないという〝母親性善説〟に立っているのです。

さて、こうして良い対象関係が上回るようになれば、次の段階である抑うつポジションに移行します。抑うつポジションは生後六カ月頃を頂点とする、愛と憎しみのアンビバレンツな段階と考えればよいでしょう。すなわち、母親との良い関係性が築かれると、それまで「良い母親」と「悪い母親」がスプリットし、別々の人間と感知されていた母親との関係性が統合の段階に進み、実はおっぱいをくれない悪い母親が、おっぱいをくれた良い母親と同一人物なのだという、アンビバレントな情動的思考へと進みます。ここにおいて乳児のこころは、「良い母親を傷つけてしまった」という罪悪感に苛まれ（抑うつ不安）、その抑うつ不安に対して躁的防衛が発動する、というのです。

躁的防衛とは、「勝利感」「支配感」「脱価値化」などの、無意識的なこころの働きを指します。具体的には「あんな冷たい母親は傷つけてもいいんだ」「母親なんかいなくたって自分はやっていける」などの気持ちの表れであり、それによって罪悪感の軽減を目的としているのです。クライン自身は、躁的防衛を一概に病的なものと決めつけているわけではなく、発達のプロセスとしてこうした心性に一過的に陥るのは、罪悪感を和らげるために必要なことでもあると考えています。けれども、こうした心性が遷延化すると、躁うつ病などの深刻な病理形成に寄与してしまうというのです。

さて、こうしてクラインは、早期自我発達と病理形成の観点を絡めて早期心的発達論を唱えましたが、ここでもう一点注目したいのは、クラインがこれら破壊性を、単に防衛する視点からのみ論じているわけではないことです。すなわち、破壊性に伴う〝衝動〟にも言及しています。これは重要な視点です。

クラインはこれら早期心的防衛機制を論じるなかで、口愛衝動、肛門・尿道衝動という用語を使っています。衝動というのは〝したい〟〝やりたい〟という気持ちの表れを指し、欲望と言い換えてもよいでしょう。たとえば、口愛衝動というのは、母親の身体の中にある良いものを吸い尽くし、噛み砕き、えぐり、奪い取りたいという貪欲な欲望を指します。肛門・尿道衝動というのは、自己の嫌な部分を母親の中に追いやろうとする排泄欲望（投影同一化）のことを指します。これらの衝動は、対象からの報復としての迫害不安を招来しやすいとしても、クラインはこれらの衝動が欲望でもあり、〝快楽性〟を秘めていることを見抜いているのです。身近な例で示せば、口愛衝動とは、おいしいケーキを独り占めしたいという子どもの貪欲さであり、肛門・尿道衝動とは、不満や愚痴ばかり周辺に聞かせている、大人の言葉による排泄がそれに当たるでしょう。すなわち、これらの攻撃性には快楽が伴っているのです。

口愛衝動や肛門・尿道衝動が、妄想分裂ポジションにおいて支配的な欲望として働いているとすれば、抑うつポジションにおいては、躁的防衛が〝快楽性〟を帯びています。勝利感、支配感、脱価値化は、いずれも対象との関係性における快楽の成分が含まれているからです。卑近な例で示せば、付き合っていた彼氏と別れた後、「あんなくだらない男と別れてせいせいした」という気持ちは、別れの寂しさを防衛しているばかりでなく、〝勝利の快感〟を味わっているわけですね。すなわち、脱価値化や勝利感などの躁的防衛には快感がつきものなのです。DVや虐待などでよくある〝支配〟も、他者を支配する快楽を伴っているわけですね。

このようにクラインは、破壊性を防衛の文脈ばかりでなく、破壊性に伴う〝快楽〟に関してもきちんととらえているのです。この視点は、今日ますます重要です。そこを見逃しては、今日の困難で複雑な病理の本質を見損なってしまうからです。

さて、クライン以降、クライン派は破壊性と快楽の文脈を、ますます発展させていきました。

(2) 倒錯した対象関係としての破壊性——病理的組織化

クライン以降、ローゼンフェルトやスタイナーなどのクライン派の精鋭は、破壊性の文脈をパーソナリティ病理や病理的対象関係のなかに、より明瞭に見出しました。それが、彼らの言う「自己愛構造体」や「病理的組織化」論です。これら臨床の鉱脈の元をたどれば、やはりフロイトの「陰性治療反応」論に遡ります。ここでは、ローゼンフェルトの自己愛構造体論に影響を受けながらも、パーソナリティ病理における破壊性の問題を、より体系的に論じたスタイナーの病理的組織化論を中心に解説したいと思います。

スタイナーは、クラインの言う妄想分裂ポジション、抑うつポジションを健康に通過できないとき、第三のポジションとして「病理的組織化」という、屈曲したパーソナリティ病理が形成されると考えました。この組織化は、妄想分裂ポジションの破滅不安や迫害不安、抑うつポジションの抑うつ不安からクライエントを守りますが、それは〝破壊性への依存〟を条件にした病理的な防衛組織なのです。このことをスタイナーやローゼンフェルトは、破壊性との〝共謀〟という言い方をしています。

病理的組織化においては、破壊性が理想化され、自己愛的で横柄な自己形成が密かに進行します。対象への愛情や自己の善良さは〝弱さ〟として脱価値化され、破壊的なパーソナリティ部分が良い対象関係を支配し、コントロールします。その結果、愛情や善良さは卑下され、悲しみや苦しみなどの人間的苦悩は体験されなくなり、「心的苦痛」は排除されます。こうして、破壊性や自己愛性に基づくパーソナリティ形成や対象関係が密かに進行しますが、「心的苦痛」の苦しみからはかりそめにも逃れられますので、クライエントはセラピーに対して頑《かたく》なな抵抗を示します。なぜなら、セラピーが進めば「心的苦痛」に触れることになるので、人間的苦悩が舞い戻ってしまうからです。クライエントは内心の横柄さ、他者への軽蔑、対象希求の否認などの、自己愛的で破壊的な病的パーソナリティのなかに安寧しようとし、病理的な平衡状態のなかに引きこもります。

スタイナー（Steiner, 1993）の臨床素材から一部紹介しましょう。まずは、妄想分裂ポジション寄りの病理的組織化です。患者は、仕事では成功を収めていますが、個人的な人間関係を持てないという訴えの四十歳医師です。離人体験後分析治療を開始し、ある時、以下のような夢を見ました。

夢：鍵がどこにあるかを知っていて、彼女のアパートに侵入した。彼女が外出している間に、彼女のベッドの中に潜り込んだ。彼女がボーイフレンドと戻ってきたときに、彼は自分の存在を警告するために大声を上げげた。彼女のボーイフレンドが入ってきた。その夢は、彼がすぐに部屋を出ていくように言われたところで終わった。

分析家：女性に対して温かさと快適さを求めている、と解釈。

患者：女性に対しては何の願望も抱いていない。

分析家の逆転移：患者は感情が動かず、どこか優越的な態度。解釈の価値が損なわれたと感じる。

スタイナーは、この夢を巡ってのやり取りに関して、次のように解説します。夢のなかで、ベッドから追い出されることに関する悲しみや怒りの情動は動かず、冷淡なままである。だが、そこには本来は彼女のベッドに潜り込みたいという依存願望があってもよいはずだが、患者はまったく否認している。さらには、依存願望は部屋から追い出されるという迫害不安に取って代わられているばかりでなく、患者のどこか優越的態度からは、迫害不安との共謀が生じ、「残酷に扱われたい」という破壊性の快楽まで帯びているようだ。その迫害不安との共謀には、分析家からも残酷に扱われたいという、性愛的でマゾヒスティックな快楽を求める病理的組織化が認められる、ということです。

ここでポイントとなっているのは、患者は依存願望を迫害不安に置き換えているばかりでなく、迫害不安によって残酷に扱われることをむしろ望んでいる、ということです。そこには残酷さに快楽を覚えるような、対象関係やマゾヒズムにおける倒錯が潜んでいる、というのです。もちろん、それら倒錯性を解釈し、メスを入れていくことを、スタイナーは分析の本分としています。

もう一つ、スタイナー（Steiner, 1993）の臨床素材から、抑うつポジション寄りの病理的組織化を取り上げてみましょう。この患者は、とにかく自分の不遇をかこち、夫と別れたこと、子どもがいないこと、貧困に伴う苦労などの泣き言の多い中年女性です。ですが、大学時代は科学に秀でた知性を身に着け、優秀な学生でした。それにもかかわらず、分析では極度に非知性的で泣き言ばかり言うのです。あるとき、彼女は次のような夢を見ました。

夢：彼女は地下に降りて行った。階段の下で、街に通じる左手のほうか、家に向かう右手のほうに進むか、選択しなければならないことに気づいた。彼女は夢のなかで、そこに立ちすくんだまま耐え難い辛さを感じて、どちらへ行くこともできなかった。手には園芸用の鎌を持っていることに気づいた。彼女は優柔不断であったため、時間が遅くなり、それで彼女は安心した。というのも、それで街に行く時間がなくなって家に帰ることができ、草が生い茂り荒れた庭で作業ができるから。

分析家：苦痛の多い分析の作業をするか、逃げるかの葛藤を表している。セッションでは、家の庭と同じようにたくさんのなすべきことがあるのにもかかわらず、あなたは決断できない。だが、本当はあなたには鋭い知性の鎌がある。あなたはセッションのなかでそれを使おうとせず、自分で考えるという責任を私に預けている、と解釈。

患者：（泣き言や不満のさらなる爆発）耐え難い気持ちがしており、あなたの解釈は明快ではない。

スタイナーは次のように理解します。鎌のように切れ味鋭い知性があるにもかかわらず、この患者は思考する能力を分裂、排除し、分析家に預けてしまっている。そうすることで、患者は分析家の支配性を刺激し、搾取されることを求めている。患者は同時に、泣き言、不満、分析家へのしがみつきによって、分析家を苛立たせてもいる。すなわち、患者は分析家の支配欲を高め、しがみつきを果たそうとするばかりでなく、もう一方ではそのマゾヒズム性によって分析家を苛立たせ、逆にサディスティックな攻撃性まで発揮している、というのです。

この患者の場合には、基本的にしがみつきを目的としているので、抑うつポジションにおける分離が課題なのですが、それをマゾヒスティックな関係性に持ち込むことによって、支配－被支配、不満－苛立ちなどの、より関係性の絡まり合った防衛を使い、入念にしがみつきを果たそうとしているのです。ですから、単なる分離の課題というよりも、マゾヒスティックな倒錯性を帯びたパーソナリティ病理にまで発展しています。

このように、病理的組織化とは、迫害不安や抑うつ不安の単なる回避ではなく、倒錯的な対象関係に基づく恒常的なパーソナリティ病理が形成されるのです。今日のパーソナリティ病理を理解するうえで、欠かせない理論と言えるでしょう。なぜなら、虐待、いじめ、ＤＶ、引きこもり、薬物依存、反社会的行動などの対人病理の裏に、これら病理的組織化に基づくパーソナリティ形成がさまざまに潜んでいるからです。したがって、日常臨床においても、今日出会うことの多い病理と言えるでしょう。

さて、病理的組織化において強調されてよいポイントは、破壊性が暗に肯定され、あまつさえ理想化されていることです。これは〝破壊性への嗜癖〟と言っても過言ではないでしょう。では、なぜ人が破壊性に嗜癖することが起きるのでしょうか。その点を明瞭に論じたのが、現代クライン派の泰斗《たいと》であるベティ・ジョセフでしょう。

（3）攻撃性の性愛化――倒錯的対象関係としての快楽

ジョセフはソーシャルワーカー出身なだけに、とても援助的で繊細な感性の持ち主です。しかし、いったんパーソナリティ病理に眼差しを向ければ、驚くべき洞察力を見せつけます。それが「攻撃性の性愛化」という視点です。

ジョセフは、彼女が「瀕死への嗜癖」と名付けた自己破壊的なケースを取り上げ、マゾヒズムに潜む性的快楽をあぶり出します。マゾヒズムの強い患者は、過去の対象関係に由来する残酷な被虐的空想、その反復強迫としての被害的な対象関係を、セラピストとの間でもくり返します。しかし、彼ら自身が虐められ、ひどい目に遭うという空想や対象関係に囚われるのは、それに伴う強烈な〝性的快感〟があるからだ、とジョセフは看破しているのです。すなわち、マゾヒスティックに破滅していく空想には、恍惚とした快感が潜んでおり、さらには破滅することによって対象をも破壊しようとするというサディズムの快感も潜んでいる、と説いているのです。ジョセフ（Joseph. 1982）の臨床素材から抜粋してみましょう。

患者Aは、職業的な成功を収めた有能な男性ですが、パーソナルな愛情生活が持てません。ある面接で小切手を忘れ、仕事にも不安に思っている、と語ります。さらには恋人Kがセックスしたがっていることにも恐ろしく感じると言います。彼は、「僕は彼女を残酷に扱おうとしているのだろうか？」とジョセフに尋ねます。それに対してジョセフは、危うく「そうです」と言ってしまいそうな気分にさせられます。次の夢は、そのやり取りの後に報告されます。

夢：Aは古い感じの店のカウンター席にいた。彼は背が低く、カウンターの高さと同じくらいしかなかった。カウンターの後ろには誰かがいた。女性店員だった。その店員の傍に店の帳簿があり、彼女はAの手を握っていた。Aは彼女に「あなたは魔女ですか？」と尋ねていた。彼は何度も執拗に尋ねた。その様子はまるで、彼女から「そうです、私は魔女です」という返事を聞きたいかのようだった。彼は、その店員がうんざりして握っている手を離し引っ込めるのではないか、と感じた。どこかに幾列にも並んだ人々がいて、彼がしたことを批判しているような感覚がぼんやりとあった。その店内には馬がいて、蹄鉄を打たれていたが、その蹄鉄は白いプラスチックのようなもので、ちょうど男性の靴のかかと部分に付けるくらいの形と大きさだった。

分析家：仕事や恋人Kへの絶望に、私を同意させようとしている。Kに対する尊大な態度を私に批判させ、あなたと私に絶望感と無力感を抱かせようとしている。しかも、馬の蹄鉄打ちの興奮は、その絶望感が残酷な性質とともに、性的興奮のようなものを得ていることを表している、と解釈。

患者：絶望感に伴う性的興奮と恐怖はとても大きいので、それほどまでに大切で刺激的なことはそれ以外は何もないように思える。

〈洞察が得られたものの、絶望的でどうしようもないという雰囲気を帯びる〉

分析家：不安と絶望感は、洞察と自慰的興奮に囚われているが、そこにはあなたの勝利感も存在し、私に対するサディスティックな攻撃にもなり得ている、と解釈。

患者：〈同意する〉

ジョセフの理解のポイントを整理してみましょう。ジョセフは、患者は単に分析家や恋人から批判されることを怖れているばかりでなく、批判されることによって「馬の蹄鉄打ち」のような苦痛を伴う興奮も期待している、というのです。したがって、面接場面では、患者は分析家から批判を受けるように無意識的に誘いをかけ、危うくジョセフはそれに乗りそうな逆転移を体験しています。すなわち、患者としては、批判を受け絶望的な境地に陥れば、それ自体がとてもマゾヒスティックな性的興奮にも似た快楽になりうるし、しかも絶望することによって分析家をも巻き込むことができるのです。なぜなら、患者が絶望的になれば、分析家としても分析がうまくいっていないという絶望的な境地に陥れられ、自責感を高めます。そうすることによって、患者のマゾヒズムは、分析家に対するサディスティックな攻撃にもなりうるからです。

患者は、こうしたジョセフの解釈を認め、絶望感に伴う性的興奮の抗いがたさを自覚するに至ります。それまで無意識に演じられていたマゾヒズムは、意識の明るみにもたらされ、ここから患者は自らのマゾヒズムにどう対処し、どう生きていくのかという、人生の淵に立たされたのです。この意義は大きいです。なぜなら、自らの性向を自覚した後に、はじめて主体的な生き方の道筋や選択も可能となるからです。

ジョセフの臨床は、一部の性的倒錯や、屈曲したパーソナリティのケースのみに当てはまるような印象を与えるかもしれませんが、すでに第2章で述べてきたように、虐待事例やDV事例などでは〝無力さの快楽〟〝解離の快楽〟など、マゾヒズムの病理を持つケースはありふれています。それらのマゾヒズムは、対象のなかにも〝焦り〟〝苛立ち〟〝怒り〟などの不快な情動を喚起させ、それが逆にサディスティックな〝仕返し〟〝復讐〟にもなり得ているのです。序章でも述べた寝屋川事件のケースなど、おそらくマゾヒズムの極致ではないでしょうか。

さて、ジョセフの言うような「攻撃性の性愛化」は、ほとんど無意識のこころの営みです。本人たちは、破壊性に快楽を求めようと思って、そうしているわけではありません。マゾヒズムは自覚的には苦痛なばかりです。それの持つ快感に気づいていないのです。だからこそ、破壊性が破格なわけですね。すなわち、無意識の快楽なだけに、本人のコントロールを超え、強力な破壊性を発揮するわけです。したがって、攻撃性の性愛化の威力を減じるには、ジョセフの臨床素材のように、まずはそれを自覚していくことが肝要になります。

内的マネジメントによって自我の基盤が補強されたなら、次は〝破壊性の自覚〟に歩を進める段階に進みます。それが「悪い自己（病理的快感自己）との連結」というテーマです。

2　良い自己との連結から悪い自己（病理的快感自己）との連結へ——破壊性のワーキング・スルー

言うまでもありませんが、「良い自己」とは、自己肯定感やアイデンティティや他者との信頼関係を結べるような〝健全な自己〟を指します。一方、「悪い自己」とは、良い自己よりもその定義される範囲は広いように思われます。すなわち、フロイトが述べたような近親相姦願望に基づく〝性愛的自己〟から、クラインが明らかにしたような羨望に基づく〝破壊的自己〟まで、その裾野は広く及んでいます。性愛にしろ攻撃性にしろ、これらは〝邪《よこしま》な欲望〟です。もちろん、それらには苦痛もつきまといますが、密かな快感を秘めていることも決して珍しくはありません。

ただし、誤解のないように断っておきますと、「悪い自己」とは、冷酷さや非人間性などを意味するような絶対的な〝悪〟ではありません。人間なら誰しも多かれ少なかれ、こころの内に密かに抱えているような〝邪だが人間的でもある欲望〟のことを指します。それが、フロイトの言うエディプス欲望や、クラインの言う羨望などですね。誰しもこころの中に存在するものですが、それを自覚しないと、知らず知らずのうちに行動化したり、病理的パーソナリティを形成したりしてしまいます。ですが、自覚して、こころに抱えられ、建設的に活かされれば、主体の強化にも繋がるのです。すでに述べましたように、サディズムやマゾヒズムなどの〝性癖〟自体が治るわけではないかもしれませんが、その自覚により、健全な方向をたどる道筋にも開かれうるのです。

したがって、内的マネジメントによる自我の補強がなされた後には、そうした邪な人間の〝業〟に対処していくことが課題として浮上します。

(1) 破壊性の「認識」によるワーキング・スルー

A 破壊性の認識

破壊性に対処するためには、精神分析の王道としては、〝認識〟や〝洞察〟に導くという手法が用いられてきました。フロイトもクラインもそうです。精神分析では「自己を知る」という命題が目標とされますが、このことは精神分析がひとつの認識論であることを意味しています。したがって、破壊性も認識されることが必要となります。ジョセフの「攻撃性の性愛化」の項でも述べましたが、破壊性は認識されずに無意識のままだと、その威力はコントロールされないために破格です。認識された後に、ようやく自我のコントロール下に入る道も切り拓かれるのです。

ですが、そのためには本章第1節、第2節で述べてきたように、内的マネジメントとして自我を支えるための基盤作りが必要となるのです。日常臨床においては、自我の基盤が整えられた後に、はじめて破壊性は認識の手続きに進むことができると言っても、過言ではありません。

B 破壊性の認識から愛情の再認識へ

破壊性の処理として最も健全な方向としては、愛情へと道を譲ることでしょう。フロイトやクラインなどもそのように考えています。第2章などで述べたように、フロイトは邪《よこしま》な欲望であるエディプス欲望が断念されるのは、去勢不安の怖ればかりでなく、同性の親への「同一化」であることを示しています。同一化とは、「自分もお父さんみたいな立派な男になろう」というような、同性の親への〝愛情〟にほかなりません。クラインも同様です。対象への攻撃は、健全に発達を遂げれば「償いの念」に道を譲ると言っています。すなわち、「償いの念」とは、「お母さんはいい人だったのに傷つけて申し訳ありませんでした」という気持ちですね。これは、自己の攻撃性の認識とともに、母親に対する〝愛情〟への気づきにほかなりません。ウィニコットも同様です。「思いやりの念」ですね。クラインの「償いの念」と内容的には同じことです。ビオンも同様です。「不在の認識」です。「お母さんは意地悪をしているんじゃない。今は忙しくて手を掛けられないだけだ」というような認識が、「不在の認識」の日常版でしょう。これも、母親への〝愛情〟があるからこそ、「お母さんは意地悪をしているんじゃない」と思えるわけですね。

このように、性愛にしろ、攻撃性にしろ、一番健全な道筋としては、愛情によって〝邪な欲望〟が和らげられたり、断念させられたりしていくという方向性です。セラピーや支援において目指される一番正当な目標が、これになります。〝愛情の再認識〟によって攻撃性が道を譲るのであれば、これに越したことはありません。ですが、こうした方向性は、必ずしも達成が容易なわけではありません。病理の重いクライエントにとっては、いささか理想的すぎる面があります。

では、攻撃性は愛情による融和以外に、どのような馴致の道筋があるのでしょうか。以下に検討してみましょう。

(2) 破壊性の「昇華」によるワーキング・スルー

A 破壊性の〝高次〟の昇華(1)——社会・文化への展開

破壊性を処理するには、認識によってこころに抱えようとするばかりが方策ではありません。認識と関係ないわけではありませんが、破壊性という性質やエネルギーを健全な方向に活かしていくのも、大事な観点となるでしょう。それが破壊性の「昇華」です。

さて、フロイトもクラインも、そもそも破壊性や攻撃性自体を一概に否定しているわけではありません。彼らが言うには、「知識欲」や「好奇心」には攻撃的成分がうまく配合され、探求心にまで結びつくエネルギーにもなり得ている、というのです。すなわち、破壊性は健全な人間的営為のなかに含まれている〝スパイス〟のような成分、と言ってもいいのでしょう。

さらに進んで、破壊性の処理の優れた方策としては、フロイトの言う「昇華」が挙げられます。芸術やスポーツがその代表的なものですね。ボクシングなど、街中でやっていればただの殴り合いですが、リングの中でルールの下に行われれば、社会的にも認められる立派なスポーツとして賞賛されるわけです。ちなみにフロイトは、彫刻家はぶち壊したいという攻撃性の表れであり、外科医は人を殺したいという衝動の表れである、と言っています。これらの職業は、攻撃性が高度に社会化された産物なのかもしれません。したがって、攻撃性が破壊的になるか建設的になるかどうかは、その活かし方次第でもあるわけです。

また、上記のような攻撃性ではないですが、貪欲さという愛情希求面の激しさからくる破壊性も、昇華の経路に導かれる必要性があります。たとえば、保育士は子どもの面倒を見ることによって、自己のなかの子どもの部分の愛情飢餓を代理満足させているのかもしれません。保育職に限らず援助職には、多かれ少なかれ愛情にまつわる飢餓感や不充足感があり、対象者の世話や支援に関わることによって、自らのこころの飢餓感を建設的に昇華させていこうとする営みが働いていることは少なくありません。これも、場合によっては、貪欲になりかねない愛情飢餓感をうまく社会的に活かし、昇華している好例となるでしょう。

B 破壊性の〝高次〟の昇華（2）——〝遊ぶこと〟

ウィニコットは遊びの達人です。妻のクレアも、「彼ほど楽しむ力のある人を知らない」（Jacobs, 1995）と言っているようです。ですが、愉快なばかりの人かというと、そうでもありません。クライン派の総帥スィーガルには、「私は時々、あなたは並はずれた自惚れ屋だと思う。……あなたも他の分析家同様に、単に失敗することがあるというのが事実だ」（Rodman, 2004）など、歯に衣着せぬ物言いをしています。要は、とても自らのこころに率直で、それを遊びのレベルにまで昇華できる人なのでしょうね。ですから、攻撃的な物言いをしたとしても、どこか〝遊び〟があるのかもしれません。

このことは、第1章で示したように、彼の臨床にもよく表れています。ウィニコットは心的苦痛を回避するのではなく、そこにアクセスしていくのですが、単に言語化を図るばかりではありません。心的苦痛に迫りながらも、〝苦痛を遊ぶ〟類の臨床実践をしていくのです。すなわち、「遊ぶこと」を通して「心的苦痛」は新たな意味の発芽を準備され、生涯通して〝創造的に生きる〟路程へと入っていくのです。精神分析もその路程の同伴者であり、ウィニコットは「精神分析とは遊ぶことを高度に特殊化したもの」（Winnicott, 1971）と言い切っています。ウィニコットが「心的苦痛」をいかに遊び、ワークしているかに関しては、すでに第1章第3

節にて論じました。

さて、セラピーや支援のなかでの破壊性の遊び方のひとつをお示ししましょう。それは、ユーモアに通じる遊び方です。私のスーパーバイジーのなかに、とても破壊性の扱いがうまい人がいます。〝ネガティブしりとり〟というのを、クライエントとの関係のなかから自然発生的に考案したのです。それが傑作で、たとえば「死ね－ねたみ－見殺し－死にぞこない……」など、延々と恨みつらみのネガティブなしりとりをしていくわけですね。そのうちおかしくなって笑いが漏れたりするのですが、支援の現場で自我機能の低い利用者には、恨みつらみのユーモラスな昇華として有効です。このように、破壊性をユーモアなどによって〝遊ぶ〟ことも、立派な昇華の道筋のように思われます。

話が少し逸れますが、破壊性や攻撃性の遊び方のサンプルとして秀逸なのは、お笑いバラエティが挙げられます。いわゆるお笑いの人たちがやっているいじりや掛け合いは、攻撃性を見事に笑いに替えています。いじる内容自体は、まじめに言ったら相手を傷つけかねないようなことを、うまくその場の笑いに替えるセンスは抜群ですね。なぜこのようなことを言ったかというと、今日私たちのこころの課題として、攻撃性をいかに処理するか、対処するかという問題は、臨床上の最大のアポリアだからです。もはやフロイトの言う性愛の時代ではありません。攻撃性の処理が、私たち現代人に課せられる難題だからです。ですから、お笑いは単なるお笑いには留まらない、臨床上の知恵を含んでいるかもしれないのです。

話が逸れたついでに、もうひとつ、破壊性を「遊ぶこと」に通じる話をしましょう。私は最近、心理療法とは「プロレス」と相通じるところがあると思うようになりました。というのは、プロレスはやっつけたりやっつけられたりの技を交換し合い、最後はどちらかが勝つような試合形式のゲームです。それが八百長であるにしろ何にしろ、一方的にどちらかが最初から最後まで相手を攻撃し続け、やっつけてしまうゲームではないわけです。必ず途中では相手の見せ場も作り、勝つ側もやっつけられたりするわけです。

それと同じで、心理療法もセラピストや支援者が解釈やアドバイスなどの技を一方的に掛け続け、クライエントを〝治す〟ゲームではないと思うのです。途中では必ず、セラピストや支援者側がクライエントの鋭い指摘や破れかぶれの行動化の技を仕掛けられ、疲弊させられ、やっつけられることも出てくるわけです。ですが、その荒業を何とか持ちこたえ、最終的にはセラピスト側が〝破壊性〟を収めるというゲームではないかと思うのです。この途中のプロセスにおける技の交換のし合い、すなわち、セラピスト側も疲弊しやっつけられるところに関係性のリアリティが生起し、関わることの実感がもたらされ、セラピーや支援の手応えも体感されるのではないでしょうか。しかも、セラピスト側がやっつけられることをよしとする〝遊びごころ〟のなかに、破壊性が抱え込まれる〝ミソ〟があると言ってもよいでしょう。

このことを、ことさら取り上げたのは、多くのクライエントは〝破壊性〟を遊べないからです。彼らは、自分が非難されたり悪く言われたりしないように、用意周到に防御を張り巡らし、自分が悪く言われないという状況証拠が整えられて、はじめて意見を主張できるというような人も珍しくありません。この場合は、そのクライエントの対人関係は、他者との有機的な交流が生まれず、プロレスで言えば技の仕掛け合いがまったくないような〝塩試合〟の様相を呈します。ただ単に、技を仕掛けられないために人間関係をやり過ごしているだけの話になり、そこに関わることの〝醍醐味〟は生まれようもありません。何も問題が起こらなかったとしても、人間関係は〝消化試合〟の疲弊感しか残りません。あるいは逆に、非難されないために先制攻撃として相手を過剰に攻撃したりして、〝泥仕合〟の醜い争いになったりする人もいます。

いずれにしろ、こうしたクライエントは、自らが責められることを過度に怖れます。セラピーや支援のなかでセラピスト側と〝プロレスごっこ〟ができるようになれば、〝遊びごころ〟もずいぶんと芽生え、関わることの面白さや破壊性の楽しみ方も経験できるのではないでしょうか。

C 破壊性の〝低次〟の昇華――〝仕返し〟〝復讐〟

破壊性の「昇華」や「遊ぶこと」が、かなり上等な解決の方向性とすれば、そこまで破壊性がうまく処理されない場合も決して珍しくはありません。その場合は、破壊性がもっと生々しくなったり、深刻になったりします。破壊性は無意識なほど、破壊力に富んでいます。しかし、いったん破壊性が認識されれば、その威力は減弱します。意識されればある程度手心が加わるというか、コントロールされるからです。したがって、無意識の破壊性を認識していく作業はとても重要になります。

たとえば、マゾヒスティックなケースなど、こうした破壊性が潜在しているものの、それが意識化されずにさまざまに自己破滅的な行為に及び、それが逆に対象に対する仕返しや復讐という〝返し技〟になっていることは、すでに述べてきました。したがって、そうした潜在する破壊性を意識化することは、無意識裏に行動しないためにとても重要な心理的支援になるのです。

しかし、認識した破壊性をこころの中に留めておくのは、なかなかに困難な営みとなります。先に挙げたように、社会的昇華経路や、遊びやユーモアに繋がればそれに越したことはありませんが、対人的な憎しみや傷つきなどは、昇華経路などには乗りにくいものです。その場合、認識された憎しみは、単に押さえつけ我慢するほか術がないのでしょうか。

こうした場合、従来はストレス解消などと言って休息や旅行、レジャーなどが推奨されたり、さらにはアサーティブ・トレーニングや怒りのマネジメントなどの、認知行動療法由来の技法が用いられたりしてきました。もちろん、それらの方法で怒りや恨みが収まるなら結構な話です。ですが、認識された憎しみや怒りは、

「恨み晴らさでおくものか」というような、〝復讐〟を強く志向している場合も珍しくはありません。すなわち、恨みは〝晴らしたい〟〝仕返ししたい〟わけです。そうでなければ、気が収まらないのです。

私自身は、認識された恨みつらみなどの復讐心は、社会的に許容される範囲内であれば、ある程度認められてもよいと考えます。たとえば、セラピストや支援者のなかには、マゾヒスティックなケースに対して、「もっと怒り返せばいいのよ」とか、「ちゃんとノーと言えばいい」などの形で自己主張や反抗を促す人もいますが、それがたとえできたとしても、そのような単純なやり方で復讐心は満たされるものではありません。たとえば、こんなやり方で憂さを晴らしたDVケースがありました。詳しくは第4章にて述べますが、男からの支配や束縛の〝復讐〟として、セックス・コントロールで憂さを晴らしたのです。彼女はそれまではそれを無意識でやっていたぶん、破壊性が凄まじく関係性が泥沼化したのですが、自らの〝支配されたい欲望〟を認められるようになるつれ、被支配欲と仕返しという両方の気持ちが満たされ、関係性も安定していきました。

いわゆる〝普通の人〟たちは、多かれ少なかれ、噂話をしたり陰口を叩いたりして憂さを晴らしているわけですね。逆に、クライエントのほうが攻撃性に対する罪悪感が強かったりして、〝陰口を叩くのは悪いこと〟のような「過酷な超自我」に束縛され、〝憂さ晴らし〟がうまくいかないわけです。ですから、こうしたクライエントが、〝普通の人〟のように仕返ししたい気持ちを意識的に使えるようになれば、それは成長と言えるでしょう。

ほかにもこんな女生徒がいました。生徒会長もするような先生からの信望も厚い女の子だったのですが、あるときクラスの行事で、担任の先生にまったく誤解され、朝早く準備のために登校したにもかかわらず、職員室で一方的に叱責されたのですね。その女生徒が叱責の勢いに圧倒され、申し開きもできずに呆然としていたところ、さらに先生から「こんなに叱られても謝りもしないのか」と追い打ちをかけられたのです。それで、その女生徒はしばらく登校できなくなってしまったのですね。

その後、彼女の〝無罪〟は証明され、叱責した担任も彼女のことをひどく気に掛け、家まで謝りに来たのですが、彼女の状態は変わりませんでした。彼女は、「自分のほうもきちんと説明しなかったからいけなかったのではないか」と、自分を責めたりもしていたのです。ですが、次第に担任の一方的な叱責に傷ついた自分や、悲しむ自分も、意識できるようになっていきました。そうして登校を再開したのですが、依然として学校では担任に恐怖を覚え、体調もすぐれなかったのです。担任に体調など気遣われても、「大丈夫です」と良くなったふりをしようとするのです。いわゆる攻撃性が自己に向かい、うまく処理できない状態が続いていたのです。

そんな状態が続いているとき、私は「ちょっと悪い女子だったら、体調悪いです、などとわざと言うのにね。そうやって先生をビビらせるんだよ」と、彼女に伝えてみました。彼女はたいそう驚き、「今までいろんな人にアドバイス受けたけど、そんなこと言われたの初めてです」と、私の言葉がとても新鮮に響いたようです。彼女は、それから少し開き直ることができるようになり、先生の前で無理して大丈夫そうな様子を見せることもなく、学校にいるのが楽になっていったのです。

私の発言は〝ちょいワル〟の勧めみたいなものです。トラウマになりかねなかった仕打ちに対して先生をビビらせるという〝仕返し〟によって、憂さを晴らすわけです。もっとも、この女生徒もそうですが、マゾヒスティックな傾向の女子が〝ちょいワル〟になるには無理があります。ですが、こころの中で意地悪な考えを持ち、隠微な〝仕返し〟を妄想するぐらいはできたりするのです。

恨みは何らかの形で〝仕返し〟をしないと晴れなかったりします。いくらアンガー・マネジメントをやったところで、ストレス解消にはならないところがあるわけです。昔の生徒と先生の関係には、このような〝ストレス解消〟はある程度黙認されていました。いわゆる卒業するときに、〝お礼参り〟と言って〝世話〟になった先生にパンチを一発食らわせるなど、仕返ししたわけですね。もちろん現代では、そのような乱暴な風習は認められようもありませんが、逆に現代のほうが、表はきれいで汚いものはすべて裏に隠蔽されるような、不健全な文化のそしりも免れない面があるように思われます。それが現代社会の病理として、何か不祥事が起こると理想や正義を振りかざし、国民こぞってバッシングに走るような、よりシャレにならない〝憂さ晴らし〟が横行しているようにも見受けられます。

「恨み晴らさでおくものか」というような〝復讐願望〟は、人間の本性上なきものにはできないのかもしれません。それをコントロールされたなかで実行しているのが、いわゆる〝普通の人〟たちなのでしょう。これも破壊性、攻撃性の低レベルでの処理ではありますが、昇華の内に入れてもよいのではないでしょうか。

精神分析や心理療法は、とかくきれいごとに過ぎる面が無きにしも非ずです。私たちは、心理療法や支援によって、〝人格者〟を育成しようとしているわけではないのです。

第4章

保健医療、福祉、教育、司法・犯罪、産業・労働における実践の深まりのために

公認心理師の職域とされる、保健医療、福祉、教育、司法・犯罪、産業・労働分野において、精神分析は、いかに実践に貢献することができるのでしょうか。第3章まで述べてきたことを、第4章ではその実際をお示ししようと思います。なお、臨床素材は、私自身のものかスーパービジョン・ケースであったりしますが、匿名性を期すために、事例の本質を損なわない程度に事実を改変してあります。ですから、フィクションと考えていただいて差し支えありません。では、以下に順に取り上げていきたいと思います。

第1節　保健医療における実践

保健医療分野では昔から、心理職が心理療法や心理テストなどに携わってきました。今後、公認心理師が広く進出するに伴い、従来の個別支援とは違った、関係機関との連携やグループ支援なども増えていくでしょうが、依然として個人心理療法の必要性も高い分野ではないかと考えられます。したがって、ここでは個別心理療法の二事例を取り上げ、日常臨床の実際に即した支援のあり方について検討したいと思います。

1　ASD積極奇異型の三十代女性Aさん

(1) 臨床素材

この方は悲惨な人生だったのですね。小さい頃は集団の会話についていけないのでひどいいじめを受け、知的にも高くないので勉強にも苦労し、思春期頃から感覚過敏も手伝ってさまざまな自律神経症状が頻発し、摂食障害にもなって親から強制的に精神科病院に入院させられて、もう散々な人生を歩んできました。境界例と診断されて、いろいろな医療機関も転々としました。転々としたのは、彼女は一方通行と言いますか、一方的な主張をするわけです。受付の対応が悪いとか言って、ちょっとしたクレーマーみたいになったのですね。ですから、医療機関からは「うちは専門の病院ではありませんから」などと言われ、体よく追い払われたのです。

でも、Aさんは、もともとは攻撃的なところは出せなかった人でした。会話にもついていけないので、おとなしくて、いじめられているような子どもだったのです。ですが、大人になるにつれて、彼女の持っている攻撃的な部分と言いますか、執拗なこだわりの部分が対人関係でも表れるようになり、トラブルが増えていったのです。

もう一方で、大人になってからは人を求めるところが強く出るようになり、話を聞いてくれる人には誰かれなく寄っていくのですね。アドバイスなどを求めていくのです。それで、最初は相手も親身になって話を聞いてくれるのですが、結局、毎度同じ話になってしまうので〝またか〟という感じになり、相手も嫌気が差してくるわけです。その場では納得したかと思ったけれども、実は話が入っていなくて、毎度同じ話になってしまう。ですから、だんだん相手も焦れてきたり、腹が立ってきたりして、「いつまでもそんなこと言っているからいけないんだよ」ということになってしまう。そうなると、「やっぱりこの人も私の味方じゃない」と腹を立て、結局、関係が決裂していくという人間関係をくり返してきたのです。

それで、紆余曲折して私のところに紹介されてきたのですが、希死念慮も強く、対人トラブルや身体の不調にも悩まされ、完全に行き詰まっていました。話の内容も、それはもう一方的でした。たとえば、「男は女を馬鹿にする」とか、「男は小さくて可愛い女子が好きだ」とかですね、もう一方的に決めつけてくるわけです。それに同調しないと、結局は私のことも悪く言ってくるわけです。「先生は携帯で録音してるんじゃないか」とか、「それで私の会話をこっそり聞いてるんじゃないか」とかですね。なんであなたの会話を録音しなきゃいかんの、みたいに私は思うわけですね。そういうなかで、だんだん私もうんざりしてくる感じが強くなっていったのですね。

Aさんとは結局十年以上付き合いましたからいろいろあったのですけれど、この方の騒擾《そうじょう》的な人間関係を毎度聞きながら、結局転機となったのは私の逆転移でした。つまり、うんざりするなかでも、「彼女の人生のどこに救いや希望が見出せるのだろうか」「彼女の特性は彼女の責任ではないのに、つくづく人生は不公平なものだ」という、もの悲しい気持ちが私に去来したことでした。「せめても彼女のこころ休まる時間ってあるのだろうか」という素朴な疑問も湧きました。それで、そのことを彼女に尋ねたのですね。そうしたところ、驚くべきことにまったく意外な答えが返ってきたのです。彼女は、対人トラブルの連続の日常とは似ても似つかず、夜にベランダで一人星を見るのが好きだったり、夜の海に車で出かけ、波を見ているのが好きだったりすると言ったのです。

結局のところ、彼女が自然を好きだったのはこういう理由です。人間相手となると気持ちや考えもごちゃごちゃになってしまうものですから、自然相手のほうが良いわけです。発達障害系の人たちは、人間のような複雑なメカニズムの感情の生き物よりも、モノとか自然相手のほうがシンプルなので、性に合っているのでしょう。私は合点がいった気がしました。そこで次のように言いました。「あなたのなかにも自然の純粋さと通じ合うようなこころの純粋さがあるから、海や自然が好きなのかもしれませんね」と。外側の何かが好きということは、その人の内側のこころと相通じるものがあるからこそ、好きなわけです。単に自然がきれいだから、美しいからというだけの理由で、惹かれるわけではないのです。これは、精神分析の投影同一化の理解に基づいています。

このことを伝えてから、展開が変わりました。最初は、「純粋っていうのは、私のことをバカにしているんですか」とか、またもやイチャモンをつけてきたのですが、次第に〝純粋〟という言葉がこころに入っていったのですね。彼女の内的なアイデンティティになっていきました。「私はごまかしがない」「人に対して分け隔てしない」などと言って、自己像の修復が起きてきたのです。でも、確かにそうなのです。健康な人というのは、ごまかしたり、分け隔てしたりするからこそ、健康なところがあります。そうやってバランスを保っているのですね。でも、彼女のような発達障害系の人たちは、そういう使い分けができずに、誰に対しても真正面からぶつかっていってしまうわけですね。それが逆にトラブルの元になってしまう。

Aさんは〝純粋さ〟の延長上で、肯定的自己像も持てるようになっていきました。「私はバカだけど明るくよくしゃべる」「バカだけど誰に対しても助けてあげたい気持ちがある」などです。後にAさんは、高齢者施設のボランティアにも参加するようになりました。それまでは本当に生きている希望がなかったのですが、Aさんは「死にたいという気持ちがまったくなくなった」と言いました。人間関係のトラブルは引き続きあり、ボランティアも長続きはしないのですが、こころの持ち様がまったく変わってきたのです。

こうして自己肯定感が保持できるようになると、人の話も聴けるようになりました。会話も一方的にしゃべりまくるのではなくて、普通にキャッチボールができるようになっていきました。これには驚きました。発達障害系の人が人の話を聞けないというのは、不安が高いせいもあって聞けないということなのですね。ですから、自己肯定感が高まると、かなり会話も変わってきます。普通に私の話を聞き入れて、「だから私はこんなふうにトラブルが多いんですね」と、納得するんです。さらには、Aさんには、自分が一方的にしゃべると相手が不快な思いをするという感覚が、まったくなかったのです。「私は気持ち良いのに、どうして相手は嫌なんですか」などと言っていました。相手がどう思うかという観点が全然なかったのですね。一方的に話すと、自分は確かに気持ち良いらしいのです。積極奇異の興奮型ですから、衝動的に話すのが気持ち良い。だから、「私が気持ち良いから、相手も良いのかと思っていました」みたいな話で、そういうことがだんだんと理解できるようになっていきました。

ですが、こうした良い傾向も、調子が悪いと元どおりになります。一方的になるのですね。ですから、根本的に変わるわけではないのです。普通に会話の成り立つ〝違う自分〟も出てくる、ということだと思います。発達特性というのもこころの安定度で変わるものだなと、実感させられました。自律神経症状も安定化傾向を見せ始めました。それまでは、この方は電車にもバスにも乗れなかったのですね。外に行くのは車しか乗れませんでした。人混みが全然ダメで、気持ち悪くなっちゃう。自律神経症状が出ちゃうのですね。それも安定していきましたが、こころの調子が悪いとやはり会話と同様で元に戻ります。

さらには、象徴的な夢もいっぱい見るようになりました。発達障害系はあまり象徴的な夢を見ない、と言われたりしますが、それも調子によって変わるのですね。たとえば、「今日は体調悪くてカウンセリングに行けませんと電話をしたら、近くだからAさんの家に寄っていくよと先生が言うから、私は申し訳ないと思い、そこまでしていただかなくても大丈夫ですと言ったら、先生がAさんも自制できるようになって成長したね、と言われて嬉しかった夢」などを報告してくれるようになりました。明らかな陽性転移と、セラピストへの信頼感の高まりがうかがえますね。ですがこれも、調子がいいと、という条件つきです。

全体的に見れば、Aさんとの心理療法では、〝純粋さ〟というアイデンティティの芽の周囲に自己肯定感も育まれ、それとともに会話のキャッチボールも可能となり、自律神経症状も安定化し、象徴的な夢も見ることも可能となっていった経緯です。ですが、そうした良い傾向も、対人トラブルなどでこころが不安定になると、元どおりのAさんが出てくるという具合でした。ただし、良い傾向のAさんが出てくるということ自体が、大きな変化だったわけですね。

問題の対人トラブルのほうですが、これはなかなか変化しませんでした。頭では理解できるようになっても、その場になると言わなくてもいいことを言ってしまうのですね、衝動性が高いですから。たとえば、近所の主婦と会話しているとき、その人に何気なく「家事手伝いで時間が自由になっていいですね」などと言われ、子育ての大変さなどを話されると、Aさんはもうムキになって、「主婦だって好きで子どもを産んで、子育てが大変なんておかしい」というようなことを言ってしまうのですね。そうなると、それまで会話に付き合ってくれていたご近所の主婦たちもAさんを敬遠するようになり、結局Aさんは孤立していってしまうわけです。ですから、人間関係の改善というハードル自体は、なかなか高かったです。人間関係が改善するためには、さらなる自己認識や障害特性の受け入れが必要だったわけです。これに関しては、次項の「さらなるこころの暗部（病理）に進むには」の箇所で述べたいと思います。

(2) 日常臨床に活かす精神分析の視点――内的マネジメント

A 自我強化の視点

【「良い対象と繋がる心地良さを体験できる自己」との連結】

自我強化として、星や海などの自然と通い合う心地良さを体験できる自己との連結が、Aさんのアイデンティティの土台を作るうえで、ずいぶんと力になりました。それまで何も肯定的なアイデンティティがなかった人ですから、星の美しさに繋がるこころの純粋さが、自らの内側に存在しているのかもしれないという自己認識の形は、ずいぶんと自己像の修正に役立ちました。これは、「良性の投影同一化」と言ってよいでしょう。

一般になされる自己肯定感の高め方としては、「あなたにはこんなにも優しいところがあるじゃない」とか、「いっぱい良いところがありますよ」というようなやり方がありますが、もちろんそれで通用すれば、それでいいと思います。しかし、その程度の慰めや励ましでは、たいていの場合、ほとんどこころに届きません。その程度のことでしたら、いろんなところで言われたりもしてきているわけです。ですから、そのクライエントが外部に見出している〝憧れ〟〝魅力〟〝希望〟と、クライエントのこころの内部とを繋げていく解釈が必要となります。Aさんの場合、それが自然との繋がりだったわけです。

確かに発達障害系の人たちは、ある意味こころが純粋なわけです。〝ごまかし〟や〝裏表〟などを使うことができない人たちですから。だからこそ、自然や動物の〝純粋さ〟と一脈相通じるところがあるのは、確かなことでもあるのですね。

人は実際に仕事をしたり、何かを成し遂げたりしなくとも、こころの中で自己肯定感を保てれば生きていけるのです。Aさんも、死にたいという気持ちがなくなったと言っていました。むしろもっと生きたいと思うようになったのですね。人は、自らのこころの中に〝憧れ〟〝魅力〟〝希望〟を持つことができれば、たとえ現実が悲惨だったとしても生きていける生き物なのでしょう。

精神分析のなかでは従来、見捨てられ不安の解釈など、ネガティブな投影同一化のほうが盛んに解釈される傾向にありますが、自我強化のためには、こうしたポジティブな投影同一化の解釈が、もっと適用されてよいところかと思われます。

【病理の裏側の「可能性を持つ自己」との連結】

Aさんが積極奇異型で他者にむやみにアドバイスを求めたり、接近していったりしてしまうのは、彼女の発達特性ならではの行動と言えるでしょう。そうした逸脱行動に対して、従来、修正したり変化を求めたりする支援が考えられがちですが、もちろんそれが可能なら、それに勝ることはないでしょう。すなわち、むやみに他者に接近するのではなくて、一人で過ごす生き方を覚えたり、抑制した関わりを習得したりすることなどです。ですが、そうしたセラピーや支援の考え方は、いささか理想にすぎることも珍しくありません。発達特性は〝性癖〟にも似た、個人の特色です。したがって、修正しようとする支援の試み自体が、個人の性癖を〝正す〟ような特性否定にもなりかねません。そうなれば、自己像の悪化に手を貸すだけの仕業に陥ります。

私がAさんとの関わりで心掛けたのは、Aさんがむやみに他者に接近して、結果的に傷つきをくり返すだけの行動に陥っていることは指摘しても、それを正そうとするような関わりは避けるようにしました。そのかわり、Aさんの〝人懐っこさ〟をどのように活かせるかのスタンスで、特性を取り上げるように心掛けました。それが結果的に、「私はバカだけど明るくよくしゃべる」というような、Aさんの肯定的自己像形成の一助になったようです。その後、その延長上で、Aさんが高齢者施設にボランティアにも出かけるような行動にまで発展したのです。

結果的に、人間関係の困難でAさんのボランティアは挫折しましたが、私はそれでもよいと思いました。人生は結果ではないのです。生きているプロセスのなかで、一時なりとも喜びや生きがいを見出せれば、それが生きる意味にもなりうるからです。挫折したにしろ、その人生の一コマでは、確かにAさんは〝生きていた〟と言えるでしょう。その生きた実感は、次の〝生きる夢〟にも繋がりうるからです。

B 昇華された陽性の逆転移の視点――うんざりするような逆転移の昇華

Aさんに対しては、当初は私のほうもネガティブな印象が強かったです。なにせ、何かにつけて一方的ですから。一方的な話し方にしろ、一方的なものの見方にしろ、正直うんざりするわけです。そのネガティブな逆転移をどう昇華するかということが、私側の課題となりました。

第3章第1節の2でも書きましたが、陽性逆転移を保持するには、モネーカイルやラッカーの言うような〝親心〟や〝共感的態度〟の心構えが必要になります。しかし、これを常に保持するのはなかなか困難です。私の場合、Aさんに対して当初、ラッカーの言う「補足型逆転移」が生じ、批判的でうんざりした眼差しを向けていたわけですね。それがたまたま松木（1998）の唱える「抑うつポジションでセラピストが機能すること」の心境に至ったのは、この方の人生の〝悲哀〟を感じることができたからです。すなわち、この方の人生の不条理を痛感したのです。「つくづく人生は平等ではないな」という実感ですね。感覚過敏にしろ、会話についていけないにしろ、もともとはこの方の責任ではなかったわけですから。でも、そこからの立ち直りは、この方に任されるわけですね。人生のスタート地点で、圧倒的な不利を被っているのです。ですから、私がこの抑うつポジションの心境に至らなかったら、ずっとこのクライエントに対して批判的でうんざりしていただけかもしれません。そうなれば、「良性の投影同一化」の解釈の発想も出てこなかったでしょう。

たしかに、逆転移はコントロールできるものではないですが、「親的なこころ」「抑うつポジションでの機能」など、セラピストや支援者の心構えによっても、変わってくるところではないでしょうか。私たちはそれがたとえ困難で達成できなくとも、「昇華された陽性逆転移」に向けて、自らのこころをマネージし続けようとする姿勢が必要になるのです。

C　さらなるこころの暗部（病理）に進むには――「悪い自己」との連結

自我の土台がある程度補強されてきたら、次に必要となるのは、さらなる自我強化とともに、「悪い自己との連結」でしょう。

【「障害特性を持つ自己」との連結】

Aさんの場合は、「障害特性を持つ自己」との連結という困難な課題は、その後の面接経過のなかで、「自分の障害は何か」という疑問として持ち込まれました。自我の強化がなされると、自分に対する関心や疑問がさらに浮かんできたのですね。私は、それに答えるのをしばらくためらっていました。彼女がはたして自らの受け入れがたい自己像に耐えられるのか、ということが大いに疑問だったからです。でも、とうとう彼女に押し切られるように、発達障害系の特性がもともとあるかもしれない、ということをやんわりと伝えたのです。そうしたら、Aさんは案の定、激怒しました。「私を障害者扱いするのか」って言うのですね。私もその言いがかりのような態度に対して思わず腹が立ち、「あなたがしつこく聞いてきたから答えたんでしょう」とやり返したのですね。Aさんは「カウンセラーが怒っていいのか」と言って、席を蹴立てて出ていきました。

結局のところ、それまでのAさんとの関係性の基盤が形成されていたので、関係は途切れずに続いていき、

Aさんも自らの障害をある程度理解できるようになっていきました。主婦とトラブルになれば、「またあなた、そんなこと言ったの」というような軽い調子でAさんの特性を指摘できるようにもなり、Aさんも「わかっていてもその場になると止まらなくなる」と、自己の特性を認めるようになりました。ですから、「悪い自己との連結」は、ある程度可能になったのだと思います。しかし、Aさんが主婦の方々と対人トラブルを引き起こすのには、もっと深い「悪い自己」が存在していたからだと思われます。

【「羨望に満ちた自己」との連結】

Aさんの対人トラブルや被害感の裏にあるのは、端的に言えば「羨望」ですね。仲良く井戸端会議をしたり、子どもの話に花が咲いたりしている主婦の方々のことが、Aさんはとても羨ましいわけです。それは、彼女には求めても得られない「理想の乳房」みたいなもので、そういうものを手に入れている主婦を見れば、羨ましくなったとしても不思議ではありません。Aさんはご近所と仲良くやりたくても、結局はやれないわけです。そこにはコミュニケーション能力の問題ばかりでなく、「羨望」の念からくる欲求不満が高じてしまい、どうしても被害的になったり、他責的になったりしてしまうからです。

ですが、このことはセラピーのなかでは扱うことはできませんでした。主婦との関係が悪化し、彼女らを悪者扱いしているAさんに対して、「それはあなたの羨ましさが強いからです」という方向性での介入は、まだまだAさんの自我には耐えられそうもありませんでした。セラピストまでが主婦の味方をしていると、容易に受け取られそうでした。あるいは、精神分析の技法ですと、セラピストに対する羨望を解釈するという手法もありますが、Aさんは私のことを頼りにしていますので、そこで私への羨望の解釈を突っ込めば、信頼感に傷をつけるか、被害的に受け取ってしまったことでしょう。

もちろん、もしAさんが自らの羨望の念を受け止められれば、Aさんは真に抑うつポジションの境地に達し、自らの攻撃性を抱え込めるだけの心的成長を遂げるでしょう。ですが、そこまでは望むべくもあらず、と判断しました。ですから、どこまで〝こころの暗部〟に進めるかは、自我の強さ次第だと思われます。実際の臨床では、そこはなかなか理想どおりにはいかないわけですね。

2 性的トラウマの二十代女性Bさん

(1) 臨床素材

Bさんは職場の先輩から強引に性交渉を持たれてしまって、その後、精神病レベルの破綻を来したケースです。Bさんは高校を卒業した後、職人になるために修行に出たのですが、その出先で先輩から指導の名目の下に付け込まれ、レイプまがいの性交渉を持たれました。Bさん自身も先輩を頼りにしていたので、しばらく先輩から離れられず、ズルズルと関係を続けたのですね。結局、Bさんは修行も挫折し、精神病的な破綻を来し、精神科を受診したのです。

受診当初のBさんの症状は、「ラップの歯が飛んでくるのが見える」「顔のない人間が見える」などの幻視様の体験、さらには激しい自己嫌悪、先輩への生々しい憎しみなど、精神病水準で衝動コントロールの悪い状態でした。「刃物を持って先輩を刺しに行きたい」「屋上から飛び降りたい」という言葉には、今にも衝動的にやりそうな切迫感がありました。このような攻撃性の生々しさを前にして、正直私としては、「どこから手をつけたらよいのか」という困惑した気持ちを抱かせられました。面接が始まった当初、控えめにBさんへのいたわりの言葉を伝えたところ、先輩への憎しみが逆に強まり、入院せざるを得ない状態に至ったことも、私の困惑を強めていました。

このような状態の危うさを鑑みるにつけ、攻撃性の取り扱いから手をつけるのはとても危険だと判断しました。したがって、私は次のような方針を考えました。Bさんの話を聞いていて、Bさんの気持ちからすっかり抜け落ちてしまっている〝自己へのいたわり〟を、手掛かりにしようと思ったのです。すなわち、激しい自己嫌悪や激しい憎しみの裏にある、自己への〝いたわり〟や〝優しさ〟の念に、Bさん自身がアクセスできるように働きかけようとしました。たとえば、先輩に接近したのは「あなたはいたわりとか優しさを求めたからでしょう」などと介入していったのです。そのような、〝いたわる自己〟というこころの部分を意識に浮上させたかったのですね。そういうアプローチをしていきました。

このアプローチの観点には、スプリッティングの理解が含まれています。すなわち、自己嫌悪や憎悪の裏にスプリットされているのは「対象希求性」である、という観点です。とかく精神分析ですと「攻撃性の解釈」が重視されますので、こうしたケースの場合でも、先輩に対する攻撃性を盛んに解釈していく臨床家もいることでしょう。しかし、こころが破綻し、攻撃性の垂れ流しになっているような状態で攻撃性の解釈をするのは、火に油を注ぐような仕業になりかねません。攻撃性はもはや解釈するまでもなく、剥き出しの傷を生々しく見せつけているのです。そうした場合には、その傷を癒やすに足るだけの自我の器作りが先決となり、この場合の器作りとは、攻撃性の裏でスプリットされてしまっている「対象希求性」の自覚でしょう。それが、ここで急がれる内的マネジメントだと考えられます。攻撃性の問題は、自我の器が修復された後に、はじめて取り扱われるべき課題でしょう。

また、転移解釈の方向性としても、対象希求性の観点からなされました。すなわち、「私にも、あなたの傷ついたこころへの理解やいたわりを求めているのでしょうね。でもあなた自身は、自分のことをいたわろうとしていないように見えますね。それは不思議なことですね」という類の解釈です。Bさんは次第に、「私は起こった出来事ばかり見ていて、自分の気持ちを見ていなかったのかもしれない」と言うようになっていきました。

この頃になると、悪夢ばかり見ていたBさんが、象徴的な夢を見るようになりました。先ほどの臨床素材のAさんでもそうですが、人はこころが回復していくと、夢も象徴的になっていくのですね。たとえば、「私が悪いことをしてひどく責められたけれども、でも証拠を出して私は悪くないと立証できた」「テレビ番組で、売れない居酒屋のご主人と一緒にチャンコ料理店へ修行に行く。修行先のご主人は、前に働いていた飲食関係の先輩に似ていて遊びまくっている人。私はいわしの漬けたものをお客さんに出した。私たち二人はそのご主人から、俺のほうがうまいに決まっていると叱られた」などです。夢はまだ迫害的色彩を帯びていますが、「私は悪くないと立証できた」など、〝自己へのいたわり〟や〝自己を守ること〟の心性が芽生えてきています。これ以後、Bさんの生々しい攻撃性はようやく収まりを見せるようになり、入院が必要なこともなくなりました。

さらには、それまで悪い対象一辺倒だったBさんの内的世界に、良い対象が出現するようになり、対象世界の健全な分割が進むようになったのです。たとえば、良い対象世界として、〝おいしいお茶〟〝お気に入りのぬいぐるみ〟〝近所の妻を介護している男性〟〝改心した母親〟など、優しさやいたわりを象徴するような対象世界が出現してきました。一方、悪い対象世界は、〝掃除機の音〟〝怒鳴る父親〟〝昔の母親〟などです。掃除機の音が嫌なのは、〝ガーガー怒鳴る父親〟の声に似ているからですね。さらに、父親は性的で下品な冗談が好きだったり、母親のほうも昔Bさんがおねしょをすると、「オマエのココが曲がっているからだ」などと言ってBさんの股間を握ったりするような、両親とも下劣な人だったのですね。

このように、Bさんの内的世界は対象希求性も復活し、良い対象も悪い対象から分割して守られるなど修復されるにつれ、Bさんの状態像も落ち着いていきました。しかし、もちろんそれですべてうまくいくわけではありません。Bさんにはまだまだ困難な課題が残されていたのです。それは攻撃性にまつわる課題です。その後の経過も含め、このことは、「さらなるこころの暗部（病理）に進むには」の項でお示しすることにしましょう。

(2) 日常臨床に活かす精神分析の視点——内的マネジメント

A 自我強化の視点

【ネガティブな情動の裏にある「良い対象への信頼・希望を持つ自己」との連結】

Bさんの場合、生々しい幻視様体験、先輩への衝動性の高い憎悪、自己嫌悪の激しさなどから自傷他害の恐れが強く、攻撃性を取り扱うには困難なところからセラピーは出発しました。このように激しい攻撃性が表になっている場合、裏にスプリットされてしまっているのは「対象希求性」のほうです。臨床素材でも述べましたが、自我の器を修復するには、自己や対象への思いやりや信頼などの、良い内的感覚の回復が必要です。そのためには、先輩との関係をズルズルと続けた自己への激しい嫌悪感、先輩に対する極めて衝動的な復讐心の裏にある、Bさん自身の良い内的感覚に触れるようなアプローチが必要となります。それがこの場合、「良い対象への信頼・希望を持つ自己」との連結なのですね。「あなたはいたわりとか優しさを求めたからでしょう」などの「先輩には裏切られてしまったけど、あなたが先輩に接近した気持ちは純粋なものだったのでしょう」などの介入の意図は、良い対象を求めたものの傷ついてしまった自己への、いたわりの気持ちを図ろうとしたものです。

その後Bさんは、自己へのいたわりなどの良い感覚に触れられるようになるとともに、良い対象と悪い対象の分割が進みました。良い内的世界が修復されると、自ずと対象関係も良いものと悪いものとに健全に分割されていくのですね。さらには、それとともに象徴的な夢も生起するようになったのは、臨床素材で示したとおりです。

B　昇華された陽性逆転移の視点――腫れ物に触るかのような逆転移の昇華

面接開始当初はとにかく衝動性の高い状態でしたから、下手な関わりをすると行動化を誘発してしまうような危険性を、とても強く感じさせられました。ですから、Bさんのトラウマに対して控えめにいたわりの言葉を送ったのですが、それとてBさんのこころには抱えきれず、状態が悪化し、入院に至りました。したがって、私の立場からすると、「下手なことは言えないな」という、腫れ物に触るような逆転移が強くなりました。そのため、とても私のこころの自由さが制限されるような、窮屈な関わりとなったのです。

こうしたネガティブな逆転移は、なくそうと思ってなくなるものでもありません。第3章第2節の「逆転移技法」の項でも述べましたが、ネガティブな逆転移に対処するのには、「複眼の視点」が必要になるのです。Bさんに対する私のネガティブな逆転移が生起した理由には、私自身が「迫害対象」とされる怖れを強く覚えたことがあります。Bさんが私との関係で、再びトラウマ体験をしてしまうのではないかと不安だったのです。ですから、私もBさんに対して警戒的になり、結果的に〝腫れ物に触る〟ような対応となり、Bさんを私との関わりから遠ざけました。ですが、これこそが、先輩とのトラウマ体験の反復でもあったのです。なぜなら、Bさんは先輩にいたわりやサポートを求めたにもかかわらず、逆にそれを利用され、性的に搾取されましたが、今ではセラピストに同じものを求めながらも関係から遠ざけられたからです。結局のところBさんの求めているものは、先輩との間でもセラピストとの間でも得ることはかなわず、関わり方こそ違えども、心的交流から遠ざけられたことでは同じです。

私は逆転移としてキャッチされている〝怖れ〟の背後にある、Bさんの対象希求性を感受する必要性に気づきました。表に生起している逆転移感情が〝怖れ〟であったとしても、裏で伝えられているクライエントからのメッセージには、また別の可能性が含まれているのかもしれません。逆転移に関しても、そうした「複眼の視点」が肝要なのです。それによって、私はBさんへの怖れの背後にある、「いたわりや優しさを求めて先輩に接近した」というBさん自身の〝願い〟を感受する糸口を、見出したと言えます。そうして、私の〝怖れ〟は低減し、その背後にある「対象希求性」にアプローチすることが可能になったとも考えられるのです。

C さらなるこころの暗部（病理）に進むには――「悪い自己」との連結

Aさんの場合と同様、Bさんの場合も、ひとまずの自我の基盤が補強され、衝動コントロールの危うさや激しい行動化は収まりましたが、その後に残された課題は山積していました。

【アイデンティティの芽の形成】

Aさん以上にBさんにおいて不足していた自我強化の問題としては、アイデンティティの芽の育成でした。当時の私自身がこの重要性に気づいていなかったので、そこが不足してしまったのです。したがって、自己へのいたわりが芽生え、対象像の健全な分割がある程度進んだにしろ、自己像の修復はかなり弱いレベルに終わってしまっています。Bさんは、自らの優しさやいたわりのこころをある程度実感するほど回復したものの、それが内的なアイデンティティにまでは至っていません。

もし、Bさんがアイデンティティの芽を育むことができたとしたら、それは彼女の職人という職業選択のなかにヒントがあったことでしょう。すなわち、彼女の優しさやいたわりは、人に「手作りのものを提供したい」という職人技のなかに発揮されようとしていたのです。ですので、次のように言うことも可能だったかもしれません。「あなたは育った家庭が温かみに欠けると感じていたので、手作りのものを提供することによって、自分が求めても得られなかった愛情を、形にして届けようとしたのかもしれませんね」。この言葉がBさんのこころに響けば、彼女は〝手作りの良いものを作ることによる他者との繋がり〟というような自己像が形成され、傷ついた自己像の修復がさらに進んだかもしれません。そうすれば、次に述べるような「悪い自己」との連結もさらに可能になり、自我も強度を増したかもしれません。

【「性的な自己」との連結】

臨床素材のなかで示したように、良い対象が健全に分割されてくるとともに、Bさんの対象希求性も健全に復活してきました。ですが、それとともに、再び困難な問題が持ち上がったのです。異性への関心の復活です。それは、「あんなにひどい目に遭ってもまだ懲りないのは、自分がふしだらなせいではないか」という、ひどい自己嫌悪をもたらしました。この頃Bさんは、「知らない人に強姦されてセックスした夢」「お父さんに強姦された夢」など、かなり生々しい性的な夢を見るようになり、しかもそうした夢を見ているとき、Bさんは自らの性器をいじっていたというのです。さらに、中学生頃からのマスターベーション体験を私に告白した後には、バカにされたと思い、手首を切りそうになったと言います。性欲の問題は、先輩や父親という悪い対象と結びつき、再びBさんのこころに抱えきれない問題として浮上したのです。さらには、性的外傷のことを語ること自体が、先輩と私とのイメージが重なり怖くなる、と言うようになりました。

こうして性的外傷の核心に近づくにつれ、性の問題は、Bさんのこころを再び混乱に陥れようとしてきたのです。結局のところ、私はこの困難な事態に対して、性の問題を悪い対象とは分割する方向で取り扱う方針を採りました。すなわち、次のような解釈をしていったのです。「性欲が入り込むと、Bさんの純粋な気持ちや私との関係も、何もかも汚染されて汚いものに変わってしまうように感じられて怖いのではないか」と。次第にBさん自身も、「マスターベーションも、自分の身体を知るにはいい面もあるかもしれない」と、性と良い対象関係を切り離す方向で性欲の問題に対処するようになり、自傷や行動化の再発を防ぐことができました。

しかし、この対処の仕方はもちろん、自我の統合度という側面から考えれば充分なものではありません。なぜなら、Bさん自身、自らが性欲を持つ存在として主体化されたわけではないからです。そのかわりに、性欲と愛情を分割し、良い自己や対象が〝悪い性欲〟によって汚染されないように保護された、という対処の仕方です。先項で取り上げた、アイデンティティの芽の形成が不全である以上、この対処のレベルでもいたしかたなかったと思われます。もう少し自己像の修正が進み、アイデンティティという肯定的な自己像が保持されるようになれば、Bさんの性の問題は、さらに統合に向けてワーク・スルーすることも可能だったでしょう。すなわち、Bさんには性欲があり、先輩との関係を欲望し、先輩からの庇護を得るためにも、〝自らの性を利用した〟側面もあるかもしれない、ということです。

Bさんのこうしたマゾヒズムの可能性は扱えないままに、面接は終わりました。もしBさんが自らのマゾヒズムを認識し、こころの中の〝邪《よこしま》さ〟を見定め、それを生きていくエネルギーに変換することができたなら、Bさんはもっと主体的で〝強い女性〟として、前に進むことができたでしょう。

第2節　福祉における実践

福祉分野に関しても、今後、公認心理師など心理職が広く参入していく分野だと思われます。ここでは、福祉施設で起きた事例と、ケースワーカーによる訪問支援の例を、二つ取り上げます。どちらも、福祉特有の〝援助の理想化〟という要因が係わっていますので、今後心理職が福祉分野で働くうえで参考になるものと思われます。なお、本書では紹介できませんでしたが、福祉分野におけるデイケア部門の精神分析的マネジメントの優れた実践として、衣笠（2018）による「デイケアのグループダイナミクス」がありますので、ぜひご参照ください。

1　障害者施設Cにおけるマネジメント（スーパービジョン・ケース）

(1) 臨床素材

知的、身体、精神の三障害を支援する障害者施設におけるSV（スーパービジョン）ケースです。施設から一人暮らしの道を積極的に推し進めていた、当時としては先進的な施設でした。したがって、入所者は軽度から中等度の障害で、さまざまな支援を受けながら地域生活での自立を試み、権利擁護の意識も高く、多くのボランティアの青年たちも参画していました。ボランティアのなかには、健常者ばかりでなく、軽度の障害を抱える障害者も含まれていました。彼らのモットーは、「障害者の身になって考える」でした。

私は以前、大学の福祉学部の教員をしていましたので、そこでケースワーカーとして働いている若い卒業生の相談を受けることになったのです。彼女は施設内で起きていることを、次のように語りました。入所者のある男性を中心に一部の利用者が、望む支援が得られないと支援者にさまざまな要求を突きつけ、それが時には無理難題のレベルにまで及び、職員が疲弊している、というのです。たとえば、「床が汚い。食べ残しが床に散らかっているので、すぐに掃除してください」「あの入所者から人権を傷つけられた。すぐに注意してください」などと言われるわけです。もちろん、それらの要求はもっともな面もありますが、職員からすると「まあ、その程度のことは、そんなにいちいち注意しなくても」というレベルであったり、忙しくてすぐには対応できないこともあったりするわけです。そうなると、その入所者の方は、「もっと障害者の身になれ」とか、「共感が足りない」とか、こうくるわけです。それを言われると職員も自責感を刺激され、利用者に謝罪したり、できるだけすぐに要望に応えようとしたりなど、無理が重なるわけですね。

そんな状況が続くなか、とうとう利用者の要求が膨れ上がり、利用者と職員の合同で行われる朝のミーティングで、ある職員が吊し上げにされる事態が起きました。その職員が利用者の要求に対して、ちょっと抵抗を示したというか、反抗的な態度を取ったのですね。それに対して利用者の一部が激怒し、職員の勤務評定に利用者の評価も取り入れろ、というような要求が出てきたのです。もっとも今日では、大学教員に対する学生の授業評価のように、場合によっては利用者からの職員に対する勤務評定があってもいいのかもしれません。しかし、この流れのなかで利用者が職員の勤務評定を求めるのは、あきらかな報復行動です。ですが、その朝のミーティングでは職員が右往左往し、利用者側の主張に正当に抗弁できなくなってしまったのです。

福祉職に従事する人たちは、ボランティア精神の豊かな善良な方たちが多いです。最近でこそ、支援は最小限にして障害者の自立機能を育む、というような観点が福祉分野のなかでも広がってきていますが、当時は障害を丸抱え的に支援する、という考え方が強かったのですね。ですから、「障害者の身になっていない」と言われると、職員は自分たちの奉仕精神が足りないせいだと自責感に駆られてしまったのです。

私はこの話を聞いていて、この施設には「父性が不在だな」と直観しました。ボランティアも含め職員皆が〝優しい母性〟を体現しようとし、枠がなくなってしまっているのです。枠とはもちろん、原理原則のことであり、職員と利用者、共に守るべき施設のルールです。それが〝母性原理〟の前に、なし崩しにされているのです。

職員の勤務評定はあくまでも管理者や上司が行うものであることが、〝原理原則〟です。雇用する側の立場の人間がそれを行うのであって、利用する側の人間はそこまでの権限は元来持っていません。私は、雇用者側と利用者側の権限の明確化を図るよう、その若いケースワーカーに助言しました。しかし、その施設全体は母性原理に浸かっていたので、そのことを利用者に伝えるだけの父性性を持った職員は誰もいませんでした。結局のところ、施設長の懐柔で騒動は収まりましたが、その後も利用者の要求に職員は疲弊し、若い職員が何人も辞めていったとのことです。

(2) 日常臨床に活かす精神分析の視点――内的マネジメント

A 自我強化の視点

【こころに（苦痛な）情動を保持しようとする「抱えようとする自己」との連結】

このSVケースでは、福祉施設を舞台に「心的苦痛」の〝抱えがたさ〟の問題が、集団レベルで生じたように思われます。ここでの心的苦痛とは、障害に伴うさまざまな苦悩です。すなわち、いくら権利擁護で支援されても、障害の不自由さ、不平等さ、不利益などは、拭いきれるものではありません。もちろん、社会のなかで健常者と伍して立派に活躍する障害者もいることは、疑いありません。しかし、それらの方たちは、やはり障害者のなかでは例外的で、多くの障害者が生きるうえでの不幸を背負っていることも現実です。したがって、障害に伴う困難をどう引き受けるかは、もちろん個人差はありますが、多かれ少なかれ障害者が直面する問題でもあります。

もっとも、障害受容や現実受容のテーマは、何も障害者に限ったことではありません。健常者とて、多かれ少なかれ同じことです。私たちに理想どおりにいかない現実の壁があることは、障害の有無に関係ありません。それを精神分析では、従来モーニング・ワークの課題として提起してきているのです。このSVケースで課題となったのも、まさにモーニング・ワークとしての現実受容でした。障害者の権利を守るのは大事な観点です。ですが、守り切れない現実の不自由さや不幸は、自ら抱えるほか術がありません。

福祉の領域においては、援助や支援は理想化されやすいですし、支援者自身も理想的な支援を目標に掲げやすいです。それだけ、福祉というイメージには〝魔力〟が伴います。このことは、もとより福祉従事者に献身的な世話を促すような良い影響力もありますが、援助の理想化に伴う弊害もあります。本ケースで示したように、福祉従事者はバーンアウトに陥りやすいですし、利用者側にとっても良いことばかりではありません。すなわち、理想的な援助を期待するあまり、利用者側の「心的苦痛を抱えようとする自己」の力が育まれなくなります。このことは、自立的な生き方を志向する場合、致命的です。なぜなら、私たちの〝自立〟とは、心的苦痛に耐える力を担保にして、ようやく可能となるからです。そこに障害者、健常者の区別はありません。

本ケースでは、残念ながら果たされませんでしたが、現実受容や心的苦痛に耐えるには、援助や支援の関わりのなかに〝父性性〟が必要となります。それによって、はじめて心的苦痛を体験する枠組みを確保できるのです。

B 昇華された陽性の逆転移の視点——疲弊感の強い逆転移の昇華

本ケースにおいて支援者側に逆転移として重くのしかかってきたのは〝疲弊感〟です。言葉を換えれば〝援助疲れ〟です。それでも、職員は利用者の要望に応えようとしてバーンアウトし、結果的に若い職員が何人も辞めていく事態に陥ってしまいました。

では、疲弊感の強い逆転移は、どのように「昇華」されればよかったのでしょうか。もちろん、これは実際に行われたわけではないので仮定の話となりますが、ここで検討してみたいと思います。これには、逆転移の開示の視点が係わってきます。

病院や福祉施設などのベテラン職員のなかには、職種を問わず、対象者との関わりのなかでうまく自分の気持ちを開示できる人が稀ならずいます。本ケースの場合ですと、「もうそんなにいっぱい頼まれたら疲れちゃった」「次から次に頼まないでよ。もう欲張りね」など、軽い調子で冗談めかして、率直に逆転移を開示するのです。〝重いことを軽く言う〟というこの絶妙のバランスが、雰囲気を和ませ、時に軽い笑いまで巻き起こします。まさに〝ベテランの味〟ですね。多くは、女性の〝ベテランさん〟がうまかったりしますが、このような軽妙な逆転移の開示はそこに率直さが伴っているので、〝関わりの実感〟も生むのです。

プライベートでの親密な人間関係と同じく、セラピーや援助の関係においても、関わりの実感には、時に〝毒〟がスパイスとして含まれているものです。それには、援助者自らが〝毒〟を引き受ける覚悟が必要です。なぜなら、軽い調子でも〝毒を吐く〟ということは、場合によっては利用者から「あの人にあんなひどいことを言われた」など、毒を突き返される可能性があるからです。いわゆるハラスメントと言われる可能性ですね。そう返されても、自己防衛的にならずに、「ちょっと言いすぎちゃった？　ごめんね。私って毒婦だから」など、再び〝毒に当たらない〟ように〝シャレ〟に落とし込む度量が必要となります。

このようなやり取りが成立すれば、そこには毒がユーモアに包まれ、関わりの実感がもたらされます。所詮セラピーも支援や援助も、ひとつの人間関係であることに変わりはありません。関わりの実感が伴えば、その人間関係はパーソナルな関係性の性質を有するようになりますので、言われた内容よりも、関わりの感触のほうが手応えを持ち、関係性は悪くなるよりも親密性を帯びてくることでしょう。もっとも、このような軽妙な逆転移の開示は、なかなかその支援者のパーソナリティや経験に負うところが大きいので、やはり〝ベテランさん〟の力の発揮のしどころなのでしょう。

C　さらなるこころの暗部（病理）に進むには――「悪い自己」との連結

【「理想とは程遠い現実の自己」との連結】

福祉においては、利用者も支援者も〝理想化の呪縛〟に囚われやすいことはすでに述べました。これには理由があります。やはり障害の〝重み〟が耐え難いからです。ですから、「障害の苦痛がすべてなくなったらどんなに幸せだろうか」と思うのは、人間の情であり、責められることではありません。皆が理想を求め苦痛からの解放を願うのは、極めて人間的なこころの働きなのです。

ですが、そこに落とし穴があると言ってもよいでしょう。利用者も職員も理想的なものを志向してしまうと、置き去りにされるのは「現実の自己」です。この施設で起きたことも、実はこれに関連しています。すなわち、利用者は「理想とは程遠い現実の自己」を受け入れ難いために、余計に理想の世話を求めてしまっているのです。理想の世話が得られれば「障害の苦痛」がなくなるのではないかという、〝祈り〟にも似た願いが底流しているのです。その一方で、障害を持つ「現実の自己」は、どこかで忌み嫌われ、排除してしまいたい〝呪い〟の対象として秘匿されます。

最近、全盲の漫才師で、ピン芸人の日本一を決める「R-1グランプリ2018」で優勝した、濱田祐太郎という青年がいます。彼の芸風は、全盲世界を乾いた自虐ネタで笑いに変える、という手法を採っています。健常者から〝笑われる〟のではなくて、健常者を〝笑わせている〟のです。障害というナーバスな題材を笑いに変えるとは、漫才の腕のみならず、彼の「障害受容」も、まさに〝プロ〟の域に達しているのでしょう。そこまでの障害受容や現実受容は、並の人間には望むべくもあらずですが、私たちは現実が耐え難い場合、理想の世界を夢見るか、他者に耐え難さを投影するかというこころの働きが生じるのは、精神分析がつとに説いてきたところです。

この施設ではこの両方が起きました。すなわち、理想の世界の夢見と、苦痛な現実の排除です。後者は、職員に理想の世話をできない自責感を背負わせることによって、実現されました。職員は、援助者としての至らなさを痛感させられ、疲弊し、仕事を辞めたくなるほど自己肯定感を低下させたのです。ですが、職員の陥った疲弊は、そもそも利用者自身の抱えきれないこころの苦痛です。すなわち、人生の生き難さの苦悩を職員に投影し、仮託してきているのです。職員はその波をもろに被り、理想的な世話に急き立てられたり、反発したりなど、いずれにしろうまくコンテインしきれませんでした。

では、どう対応するのが良かったのでしょうか。こう考えることが可能かと思われます。ひとつには、すでに述べたように、全体のマネジメントとして父性原理による枠組みの再確認が必要でしょう。それを管理者が利用者に伝える必要があります。すなわち、雇用者側と利用者側の権限の明確化です。

もうひとつは、支援者個々人が利用者の「理想とは程遠い現実の自己」の投影にどう対処するか、という問題があります。個別の心理面接ではありませんし、福祉施設という現場ですので、そうした投影機制に対して言語的解釈で対応するのは、もちろん筋違いです。ここは、精神分析的な理解をどう福祉現場に活用し、マネージするかの観点が必要となるでしょう。これに関しては、次のように考えることが可能ではないでしょうか。すなわち、利用者の抱え難い「理想とは程遠い現実の自己」を、支援者側がいったん引き受ける、という考え方です。

すでに述べたように、利用者が職員に理想的な世話を要求したり、自責感情を持たせたりするのは、そもそもは利用者自身の障害に伴う耐え難い苦悩の投影です。それに対して、職員が理想的な世話を過剰に行おうとしたり、自責感情を強めたりするのは、どちらも利用者の投影を引き受けたことにはなりません。利用者の投影を引き受けるということは、職員自らが「理想とは程遠い援助者としての自己」を避けずに認め、なおかつそれに押し潰されずに生き残る姿を見せる、ということです。それには、先ほど例に挙げた〝ベテランさん〟のように、援助者としてはあるまじき〝毒婦〟であることを軽やかに伝え返す関わりもありうるでしょう。それは、全盲の漫才師濱田君の手法と同様に、自らの援助者としての至らなさを乾いた自虐ネタにすることと同型です。

私たちは必ずしも共感、受容に長けた〝理想の援助者〟になる必要はありません。むしろ、こうしたベテランさんのように、「理想とは程遠い援助者」を〝演出〟することにより、クライエントや障害者の「受け入れ難い自己」を代わりに引き受け、彼らの抱える〝重み〟を消化することも可能なのです。これも精神分析的な内的マネジメントの一つに数えても、あながち的外れではないでしょう。

2　生活保護受給の初老期男性Dさんへのアウトリーチ（スーパービジョン・ケース）

（1）臨床素材

本ケースも、福祉分野におけるＳＶケースです。初老期の生活保護受給男性に、精神科病院の三十代の女性ケースワーカーが、アウトリーチを行いました。当時はまだ、ワーカーが一人で訪問することも間々あったのですね。Ｄさんは、若い頃は精神病的エピソードもありましたが、当時はすでにそれらの陽性症状は消失し、生活保護で自活しながら通院を続けていました。

ですが、協調性という面ではなかなか問題を抱えた人で、デイケアでも利用者とのもめごとが多く、長続きしませんでした。自分のペースで作業が進まないと気に入らなくて、作業の遅い人に対してすぐに腹を立てたりしたのです。さらに、生活費の管理も難しく、保護費が入るとすぐに食費にすべて使ってしまうのでした。食べることが生きがいで、抑制が利かなかったのです。金銭管理が難しかったので、社会福祉協議会の支援を受ける手続きが取られました。

金銭管理により食の快楽が思うままに満たせなくなると、今度は〝寂しさ〟が浮上しやすくなりました。これまでもＤさんは、デイケアでも人付き合いがうまくいかず孤立しがちで、孤独であることに変わりはなかったのですが、食べることがそれをずいぶんとカバーしていました。しかし、衝動的な食行為に制限がかかると、もともと潜伏していた〝寂しさ〟がＤさんを襲い、ワーカーによる頻回の訪問を要望するようになったのです。

福祉に携わる女性たちは、献身的で自己犠牲的な人たちが少なくありません。しかも、権利擁護などの福祉理念が彼女たちの献身性を後押ししていますので、福祉分野においてリミット・セッティングなどの考え方は馴染みません。したがって、この女性ワーカーも、Dさんの求めに応じて可能な限りアパートに足を運ぶようになったのです。ですが、人間の愛情や献身性は無尽蔵ではないのですね。次第に女性ワーカーも疲れてきてしまったのです。しかし、Dさんの要望に応えられないのは、自分の献身性の足りなさや未熟さゆえではないかと自らを責め、当時福祉の教員であった私のもとに相談に訪れました。

私はこれまでのいきさつを聞き、やはり頻回の訪問によって、女性ワーカーが心身ともにかなりの疲弊感を募らせていると判断しました。そこで、Dさんとの間での訪問のルールを大まかにでも決めるように、アドバイスしました。具体的には週二回、四十五分です。四十五分以上滞在するのはDさんの依存性をいたずらに高める弊害のほうが大きいものの、週一回ではDさんがうまく〝寂しさ〟を抱えきれないだろうと判断し、週二回を考えたのです。Dさんには、女性ワーカーが自分の指導者からそのような関わりを勧められたということで、方針転換を説明しました。

Dさんはこれまでのような時間枠のない支援が得られなくなり、さらに〝寂しさ〟を募らせました。「生きていても仕方がない」とこぼすようにもなりました。ですが、この危機を乗り越えたのは、結局この女性ワーカーに会うのが楽しみだったのですね。〝癒やし系〟の女性だったので、彼女に気に入られたかったのです。ですから、時間枠の制限よりも、ワーカーと会うことの楽しみのほうが上回ったわけです。福祉の分野においては、構造化された関係よりも、こうしたパーソナルな関係の要素が重要だったりします。相性や好みの要素と言ってもいいでしょう。

さて、ワーカーの女性に気に入られたいという関係性が功を奏したのは良かったにしろ、ではDさんは今後の人生を、何を生きがいや拠り所にして生きていくのか、という難題が持ち上がりました。福祉分野の利用者は、現実適応において高望みはできないし、生活保護で生きていくにしろ、いわゆる〝生きがい〟が持ちにくいのです。ただ単に〝生かされているだけ〟という空虚感にも陥りやすいです。したがって、ワーカーは、福祉利用者の自殺の第一発見者になりやすいのです。

Dさんにおいても、〝生きがい〟の問題は難問として持ち上がりました。その点をワーカーと話し合っていったのですが、手掛かりとなったのは、Dさんが食べることと料理することがもともと好きだったことでした。ですから、それをDさんの生きがいに繋げていったのですね。と言っても、今さらDさんが料理人になったり、グルメ・レポーターになれるわけではありません。ですから、デイケアの料理教室で料理を振る舞えるようになることが、一つの目標となったのです。Dさんは受給費のなかから、せっせと食材を買いに行き、自分で工夫した料理を作り、ワーカーに振る舞うようになりました。それが大いに楽しみになっていったのです。ワーカーが来るたびに、Dさんは自分で作った料理をワーカーに試食してもらい、その感想がとても楽しみになったのです。

協調性に難のあるDさんが、デイケアの料理教室で料理を振る舞えるようになるには、まだまだ乗り越えるべき対人関係の課題が残されています。しかし、たとえその夢がかなわなくとも、こころの中に夢を持ち続けることができれば〝生きる希望〟が湧いてくるものです。ですから、ある意味、現実的に夢がかなうかどうかは、二次的な意味合いを持つにすぎません。こうしてDさんは、女性ワーカーとの間で〝夢の共有〟が可能となったのです。

(2) 日常臨床に活かす精神分析の視点——内的マネジメント

A 自我強化の視点

【「関係性のもたらす安らぎや快感」との連結】

Dさんの支援において、担当ワーカーとの関係性が大いに力を貸したことは疑いありません。Dさんは女性ワーカーの〝癒やしキャラ〟に魅せられ、〝寂しさ〟や〝生きる希望のなさ〟を乗り越えようとしたのです。現実支援の現場では、このような現実的な関係性の〝手応え〟が、心理療法における関係性以上に必要とされることは珍しくありません。

しかし、奉仕精神は無尽蔵ではないことはすでに述べました。しかも、福祉分野は支援が理想化されやすいものです。こうした奉仕の理想化は、権利擁護などの福祉思想と結びついているだけに、余計に支援の理想が高く掲げられ、これが時に支援者を苦しめ、利用者自身も救われません。なぜなら、先ほどの施設事例と同じく、利用者は自らが抱えるしかない現実の苦悩を、すべて支援者からの救済に求めてしまい、支援者も利用者も支援の疲弊の泥沼にはまり込んでいくからです。したがって、福祉分野においても、支援の枠をいかに形成するかが関係性を保護し、良好な支援の下地作りに役立つように思われますが、次に述べる教育現場と同じように、「枠」や「構造」の問題はなかなか現場に馴染まない面があり、難しい問題です。

【「良い対象への信頼・希望を持つ自己」との連結】

Dさんはワーカーとの関係性を足場に、〝デイケアで料理を振る舞う〟という生きがいを持てるまでになりました。これが現実にかなうかどうかは容易ではありませんが、こうした〝夢〟を持てることが、生きるうえでのバネに繋がるのです。

もっとも、こうした夢は、女性ワーカーに対する「理想化」や「恋愛感情」がもとになっているので、儚《はかな》い夢にすぎないという批判も当然ありうるでしょう。それはそのとおりなのですが、福祉の現場においては、死はある意味隣り合わせです。たとえ儚くとも、生きていくうえで〝夢〟や〝希望〟は必要なのです。もし、ワーカーが転勤などによって担当替えになったとしても、こころの中でワーカーとの関係が良い思い出として足跡を残していけばよいのです。このケースではありませんが、支援者との良い思い出が、別れた後も観葉植物を育てるという趣味として引き継がれた例もあります。言うまでもありませんが、この場合、観葉植物は可憐な支援者の女性を象徴しているわけです。

このような形で、こころの中の思い出として、あるいは形を変えた趣味や嗜好として、支援が終わった後もこころの足跡を残すことは決して望めないことではないのです。

B 昇華された陽性の逆転移の視点——疲弊する逆転移の昇華

【福祉領域における枠設定の必要性】

すでに述べたように、福祉現場でも「枠」のある支援は必要とされるところでしょう。このケースにおいても、女性ワーカーは献身的な支援を志すあまり、疲弊してしまいました。その結果、Dさんの要望に応えられない自分を責めたり、無理をしてでも要望に応えようとしたりして、さらに深みにはまってしまいました。

昨今では、福祉分野においても保険点数との絡みもあり、支援の時間枠が意識されるようになってきたのは良い傾向だと思われます。先ほどの施設の事例でもそうでしたが、福祉というイメージに付きまとう〝援助の理想化〟は、結局は利用者、支援者共に自縄自縛になる可能性を高めます。この女性ワーカーのように疲弊しながらも奉仕精神を発揮せねばという支援のあり方は、むしろ支援者のマゾヒズム性を〝当て〟にしたような、歪んだ支援にもなりかねません。

そうした呪縛に必要以上に縛られることなく、〝普通〟の奉仕精神の持ち合わせしかない〝普通の人〟が、〝普通の仕事〟として福祉分野に参入できるような環境作りが進めば、それこそが本来〝福祉の成熟〟と呼ばれるに値するのではないでしょうか。誰もが可能な仕事になってこそ、はじめて福祉社会の実現が現実化するのでしょう。

C　さらなるこころの暗部（病理）に進むには――「悪い自己」との連結

【強烈な羨望や破滅願望を持つ自己との連結】

障害者が健常者に強烈な「羨望」を持っていたとしても、それは不思議なことでも何でもありません。自らの惨めな境遇に〝出口〟が見出せない場合、人生に適応していたり、恵まれた生活を送っていたりする他者に対して、ねたみ、そねみ、うらみ、羨ましさなどの気持ちが動くのは、何も障害者に限ったことではないでしょう。人として〝普通の気持ち〟です。

しかし、こうした〝普通の気持ち〟が、時に自己や他者に対する破壊性に繋がる場合も珍しくはありません。Dさんの場合は、こうした破壊性は女性ワーカーとの絆や繋がりによって、適応的に防衛されたと言ってもよいでしょう。すなわち、「女性ワーカーに気に入られたい」「ワーカーに料理を試食してもらいたい」などの楽しみや願望が、Dさんの破壊性を防御したと言ってもよいのです。

精神分析の原理的な考え方ですと、自らの破壊性に目を向け、こころに抱えられることこそが、本来望ましくも必要なことだと考えられています。それに耐えられれば、破壊性をも自らの自我に統合した形で、自我強化がなされるからです。しかし、臨床の実際においては、そこまでは望むべくもないケースが多いことも事実です。それに耐えうるだけの自我の基盤としてのアイデンティティも、人生の希望もないからです。「羨望」や「破壊性」に満ちた自己部分は、福祉分野においては〃温存〃され、直接扱われない場合がほとんどです。そうではなく、Dさんと女性ワーカーのように、〃良い関係性〃のなかで人生に対するささやかな希望を見出し、関係性を頼りに生きていく〃喜び〃を見出せれば、破壊性の芽が顔を出して暴れることもなく、穏やかな人生を送ることも可能でしょう。

もとより、精神分析も心理療法も心理的支援も、すべて万能ではありません。「悪い自己」との連結が図られるのではなく、〃温存療法〃として対処されることが望ましいことも、ありふれたことなのです。

第3節　教育における実践

教育分野で起きる問題の特徴は、支援の構造化の難しさと、成長過程である児童、生徒の成長促進的な関わりが必要なことでしょう。前者に関しては、場所や時間を区切って面接することが、教師やスクールカウンセラーにとって困難な場合も少なくありません。すなわち、臨機応変な関わりが必要とされるのですが、それが時に関係性を複雑にします。後者に関しては、成長促進のためには、自らのネガティブな側面を洞察するよりも、アイデンティティ形成に接続するような自己の可能性を見出す支援が必要です。

次のケースは、そのあたりの事情が関与し、仕事を辞めようと思うほど思い詰めた教師に対するスーパービジョン・ケースです。

1 虐待歴のある女子高生Eさんとの相談（スーパービジョン・ケース）

（1）臨床素材

部活の女性顧問による生徒の相談で、私がSVとして関わったケースです。Eさんの家は母子家庭で、小さい頃から母親によるネグレクトや暴言などの虐待を受けて育ちました。ですが、とても明るく頑張り屋に育ち、学業成績や友人関係なども良好だったのです。しかし高校二年生になり、運動部の部長になったあたりから、友人関係がうまくいかなくなりました。頑張り屋の彼女に部員たちがついてこられなくなったのです。彼女は、皆が一致団結して大会での好成績を収めることを目標にしましたが、部員は彼女の〝熱さ〟に反感を覚え、〝仲良しクラブ〟のような部活を望みました。そこで齟齬が生じ、彼女は孤立してしまったのです。

彼女は、部活の顧問の三十代女性教員に相談しました。顧問は彼女の家庭事情を知っていただけに、彼女の味方になってくれました。ですが、それが周囲の部員からは、ますます彼女が〝いい子ぶっている〟と映り、反感を買ってしまったのです。結果的に彼女は部活も休むようになり、リストカットも出現し、顧問への依存は強まっていきました。放課後のみならず夜中にも及ぶ電話が続き、最初は親身になっていた顧問の先生も次第に疲弊していったのです。しかし、自殺を匂わせるような話の内容もありましたので、先生は途中で電話を切ることもかなわず、生徒を抱え込んでいってしまいました。さらに、このような生徒との関係に陥ったことに後ろめたい気持ちもあり、今さらながら同僚や管理職にも相談し辛い心境に陥っていました。私のところに訪れたときには、先生は教師を辞めようかと思うほど思い詰めていました。

私はあらかた事情を聴き、次のように理解し、先生に伝えました。生育において充分な愛情を受けてこなかったEさんは、そもそも愛情飢餓をこころの奥に抱えており、それを優等生で頑張ることによって、周囲からの承認を得ようとしていた。だが、部活において優等生のやり方が反発を買い、孤立してからは、愛情飢餓の問題が表面化してしまった。そこで先生に母性を求め、依存が高まったのだろう。本来はそれを予想し、連絡の方法や相談の時間帯など、最初に約束事を取り決めておくのがよかったが、生徒と教師の関係が構造化しにくい教育現場においてはそれも難しかったことだろう、などです。

そのうえで、今後の対策としては、話をただ受容的に聞き、彼女の味方になるばかりでなく、依存的になって自らを支える力が弱まっている彼女に対して、強みとなる内的資質を見出してあげるのが必要だ。それは、彼女がネグレクトのなかで生き抜いてきた〝サバイバー〟であることに鍵がある。すなわち、彼女は基本的に苦境を耐え抜いてきた力がある生徒なので、次のように伝えるのが良いだろう。「親との辛い関係のなかでも、気持ちを抱えてやってきた強さがあるよね」「あなたのほうが母親に対して、サポーター役を務めてきたかもしれないね。それは強いられたサポート役だったにしろ、そういうサポーターの資質が自ずと身についているかもしれないね」などです。

さらに、夜中の電話に関しては、「先生も寝られないと次の日疲れて、仕事に差し障りがあるから」と正直に伝えて、夜中の電話は出られないこと。どうしても気持ちが収まらないなら、メールで気持ちを伝え、先生は時間のあるときにメールを返し、さらには次の面談で話をすること。放課後の面談は一定の日時を決め、場合によっては常に面談できるわけではないこと、そうすることによってもともと頑張り屋であったEさんが、苦痛を抱えるという成長のために本来必要な力を発揮できることが大事である、などをEさんにも伝えるようにアドバイスしました。

Eさんは、夜中に電話に出てくれなくなったことに対してはかなり不服そうでしたが、先生がはっきり伝えたことによって、逆にあきらめもついたようでした。さらに、もともと成績も優秀で頑張り屋の生徒だったので、先生との関わりのなかで上記のようなEさんの強みを伝えていったところ、依存的で無力な態度から次第に立ち直り、彼女は結局医療関係の進路に進んでいったとのことです。スーパービジョンも数回で終わったケースです。

(2) 日常臨床に活かす精神分析の視点――内的マネジメント

A 自我強化の視点

【心的苦痛を「抱えようとする自己」との連結と枠設定】

教育現場においては、福祉と同様に、教師は生徒に熱心に世話をするほどに良い教師という、ある種の理想像があったりします。特に部活のなかでは、体育会系の〝熱い先生〟など、時にカリスマ化されたりします。それはそれで教育現場の特色として、生徒たちの健全な成長促進の歯車になることは少なくないですが、時に愛情飢餓を抱えた生徒には裏目に出てしまうこともあります。すなわち、愛情飢餓を抱える生徒ほど、その飢えを満たすのに他力本願になりやすい面があるからです。その場合、他者からの世話や愛情の提供は、貪欲な飢えの前には満たしきれるものではありません。したがって、Eさんのように部活の顧問に対して貪欲な愛情を求め、結果的に顧問のほうが、教員を辞めようと思うほどの疲弊感を来してしまうことも、珍しくはないのです。

教育現場においては教師と生徒との関係は、個々の教師の判断に委ねられるところが大きいです。したがって、教師個々人によって、生徒との関わりには大きな違いが生まれます。しかも、心理臨床の現場とは違い、関係性を枠付ける面接構造や面接時間などの設定が困難で、生徒が求めればできるだけ要求に応えることをよしとする〝教師文化〟も根強いです。今でこそ、個人的なメールアドレスやSNSのアカウントの交換を禁ずる教育現場も増えてきましたが、この事例のように、昔はそれらの判断は教師個人に任せられていました。したがって、夜中の電話や、なかには教師の自宅にまで生徒が遊びに来るなどのケースも、決して珍しくはありませんでした。もちろん、それらのパーソナルな生徒との関わりが、パーソナルな人間関係の良さを生むことは珍しくはないのですが、この事例のようにこころの飢えを抱えたケースなどでは、裏目に出ることも少なくありません。なぜなら、自ら「心的苦痛」を抱える視点がおろそかになり、他力本願に走れば走るほど、逆に自我の力は弱化していってしまうからです。

したがって、こうした場合には、生徒の要求に応えるばかりをよしとするのではなく、生徒が自らの「心的苦痛」を抱えることができるような支援の視点が肝要になります。具体的には、面談の枠設定や電話の制限、さらにはそれらの「リミット・セッティング」を通して、生徒自らが「心的苦痛」を抱えることの大事さに目を向ける支援です。それが生徒の自我の力を補強する支援となるからです。その点で、もともと苦境のなかでも生き抜いてきたEさんには、幸い心的苦痛を「抱えようとする自己」が備わっていました。ただ、部活や友人との関係の孤立から退行が生じ、一時的に「抱えようとする自己」の力が弱化していたと見なすことができるでしょう。

このように思春期・青年期の成長を助けるには、受容的に関わるばかりが必要なわけではなく、彼ら自身が心的苦痛を抱えられるように支援する「抱える力」を育む視点、そのための「枠設定」も大事になるのです。

【病理の裏側の「可能性を持つ自己」との連結】

特に思春期などの成長期に大事な視点となるのは、彼らの成長可能性をどう見出すか、ということです。それは病理を治そうとする視点からは生まれません。病理の修正という視点が不必要というわけではありません。ただ、それだけでは病理の〝ダメ出し〟になりかねず、クライエントの自己像の悪化に手を貸しかねません。思春期の場合には、病理の裏側の「可能性を持つ自己」への視点が、教育者や支援者側には必要となるのです。これには、第1章第4節で述べたように、ビオンの言う「複眼の視点」がたいへん参考になります。

このケースで考えると、Eさんは生育の恵まれなさを〝頑張り〟によってカバーし、部活の部長をするような優等生となり、部員を引っ張ってきました。病理的側面から見れば確かに、母親に対する依存や憎しみを排除し、無理な頑張りゆえに挫折してしまい、結果的に満たされなかった幼児的な自己が、部活の顧問に対する貪欲な愛情希求として向かった、と理解することが可能でしょう。したがって、精神分析的な手法の正攻法としては、Eさんは自らのこころの奥に埋もれている母親に対する依存や憎しみを洞察し、その「耐え難い心的苦痛」を排除せず、そのうえで主体的自己として成長することが必要である、という観点になるかもしれません。

確かにそれは正論なのですが、Eさんは成長過程なのです。そうした自己洞察よりも先に必要なことがあるのです。それは、アイデンティティの形成に繋がるような肯定的自己像の育みが、自我の基盤作りとして必要となります。あるいは、ネグレクトや不遇さによって傷ついている「自己像の修復」が必要になるのです。病理を修正しようとするセラピストや支援者の姿勢は、クライエントの生い立ちの否定になりかねません。生い立ちが悪いから今の問題が起きているという視点には、クライエントを自己否定に追い込むような〝無慈悲さ〟が潜んでいることに、私たちは自覚的になる必要があるのです。特に成長過程の子どもたちに、病理的な視点の過剰さは彼らを苦しめるに余りあることでしょう。

「あなたのほうが母親に対して、サポーター役を務めてきたかもしれないね」という言葉には、Eさんのサバイバーとしての可能性を切り拓く〝願い〟が込められています。それは、サバイバーだからこそ持てたのかもしれない〝忍耐強さ〟や〝サポーター〟の資質です。もちろん、それは強いられた忍耐強さであり、強制されたサポートでしたが、結果的にはそれらの資質を育むことになったかもしれないのです。〝負の遺産〟のなかに〝光明〟を見出すのは、「複眼の視点」と言ってもよいでしょう。

幸いEさんは持ち前の能力と頑張りによって、それら〝負の遺産〟を建設的に活かす途に就きました。私たちには〝負からの蘇生〟を見出す「複眼の視点」が必要となるのです。

B　昇華された陽性の逆転移の視点——疲弊するような逆転移の昇華

福祉の場合でもそうですが、教育の現場でも愛情の提供が求められます。もちろん、それは大切なことですが、私たちの愛情は無尽蔵なわけではありません。さらには、愛情の提供は、Eさんの場合のように逆に当事者の自我を弱めてしまうような副作用もあり得ます。したがって、愛情の提供は、私たちが当事者の問題に取って代わるような〝丸抱え〟になってはいけないのです。

本ケースの顧問の先生は丸抱えの関係に陥り、Eさんの貪欲さの前に疲弊感を募らせました。教育現場は、教師と生徒との関係の距離感を適度に保つ構造化が難しい事情があります。さらには、いつでも相談に乗る先生が〝良い先生〟という風潮も無きにしも非ずです。たいていの場合は、いつでも相談に乗ってよいのですが、愛情飢餓感などの深刻な問題を抱えた生徒に対しては、それが裏目に出る場合もあるのが、今回のケースで示されたところです。

まずは、「疲弊するような逆転移の昇華」を目指すには、関係性の構造化、すなわち相談に関するルールの取り決めが必要でしょう。たとえば、いつの時間帯なら相談時間をどのくらい取れる、ただし取れない場合もある、メールでなら困った内容を送ってきてもよい、メールに対しては簡単になら返すことができるが、基本的には次の相談時間に話し合うなど、生徒との相談を巡るルール作りです。

また、このルール作りは途中変更も可です。当初思っていたより生徒の貪欲さが強くて先生が疲弊してくるようなら、生徒に正直に話し、途中で変更を検討することが必要でしょう。さらには、教師一人で抱え込まないように同僚や上司などとも情報を交換し、場合によっては代わりの先生が対応するという、集団相談体制を作ってもよいと思います。教師一人で丸抱えする必要はないのです。従来、相談と言うと一対一の関係が基本で、今でも原則としてはそうなのですが（本論の主旨から外れますのでここでは立ち入りませんが）、集団相談体制という方法もあるのです。

構造化は教師を守るばかりではありません。生徒の成長促進にとっても大事なことなのです。むしろ構造化が果たす役割は、第一に心的苦痛を「抱えようとする自己」を育むことにある、と言ってよいでしょう。生徒の自我の成長を助けるという側面と、教師を守るという側面は、車の両輪のように不即不離です。本ケースにおいても、構造化の再構成によって相談支援の歯車は正常に復し、顧問の先生も教員としての熱意を取り戻すことができたのです。

このように、私たちのセラピーや支援は構造化に守られて、ようやく成立している部分が少なくないのです。

C　さらなるこころの暗部（病理）に進むには――「悪い自己」との連結

【「愛されなかった憎しみを持つ自己」との連結】

Eさんの場合は、自我支持的で成長促進的な教育相談の支援が有効に機能し、結果的に彼女は自らの資質を活かすべく、医療関係の道に進んでいきました。成長途上の青年の支援としては、これで充分でしょう。しかし、もちろんEさんには残されたこころの課題があります。

Eさんへの支援は基本的に、Eさんのアイデンティティ形成に繋がるような肯定的自己像の発見や、自己像の修復がなされたことだと考えられます。すなわち、ネグレクトなどの養育不良によって、Eさんの自己像は損傷を受けています。それを優等生という防衛によって適応を図ってきたのですが、優等生では実質のあるアイデンティティにはなり得なかったのです。そこを、生育歴の〝負の遺産〟に光明を見出すような〝サポーターの資質〟という観点によって、Eさんの自己像は修復され、さらにはその活用の道を医療職によって見出そうとする、アイデンティティ形成にも繋がっていきました。

こうして自己像の修復が図られ、医療の道へと開かれていったのですが、これは精神分析的内的マネジメントによる「自我支持」の仕事がなされたと言ってもよいでしょう。いわば、自我の成長を育むようなサポーティブな手法であり、自我のポジティブな側面の強化です。

ですが、Eさんのこころにはネガティブな〝闇〟があります。そのネガティブさの中身にはさまざまあるでしょうが、ひとつには「愛されなかった憎しみを持つ自己」が、手つかずで残されたままになっています。Eさんは母親からネグレクトを受けています。そのことに関して、Eさんは触れることのできないままです。母親を責めたり恨んだりすることは決してありませんでした。むしろ、「憎しみの実感は持てない」と言っていました。なぜなら、母親自身離婚し、母子家庭の苦労を背負いこんでいたからです。だからといって、虐待やネグレクトをEさんがこころの底から許しているわけではないでしょう。

ところで、こうした虐待事例には、虐待する親とのネガティブな同一化が、こころの奥に潜んでいることが珍しくありません。Eさんの場合も、母親と同質の〝こころ無い自己〟を、こころの奥にうすうす感じているのかもしれません。すなわち、本当は〝自分も母親と同じ資質を持っている〟と感じているのです。それゆえに、母親を責めることが自らに跳ね返ってくる恐怖があり、母親への憎しみに直面できなかったりするのです。母親への憎しみが語られない裏には、それによって母親との分離感がもたらされる孤独を怖れているばかりでなく、母親と同質の資質を持つ自己という、こころの中の〝悪〟を怖れている場合も少なくないのです。「愛されなかった憎しみを持つ自己」、あるいは「母親と似た自己」のテーマは、もう少しEさんが成長し、職業生活などを経て自我の基盤が強化された後に、初めて課題として扱うことができることなのでしょう。Eさんは自らが母親になったときには、この課題に直面するのかもしれません。

第4節　司法・犯罪における実践

近年では、家庭裁判所などの調査官の仕事のみならず、公的機関やNPOなどの被害者相談も充実傾向にあり、そうした新規の職場においても心理的支援が要請されることも増えてきました。特にこの傾向は、DVや虐待、性被害などの増加とともに顕著です。多くは法律相談が中心であり、心理的支援においても、一時保護や女性センターへの繋ぎなどの具体的支援が主を占めたりしますが、なかには次の事例のように、一筋縄ではいかないDVケースの相談が継続されることもあります。その際、精神分析の持つ洞察力は、DVなどにおける複雑な人間関係の裏側を見逃さず、事態の解決に威力を発揮することも珍しくはないのです。

1　三十代既婚女性FさんのDV事例

(1) 臨床素材

結婚五年目にして、夫からのＤＶが始まったケースです。ＤＶへの警察対応や離婚調停を視野に入れ、私のもとにまずは相談に訪れました。事情を聴くと、夫とは学生時代からの付き合いで結婚したのですが、交際期間や結婚後もずっと尽くしてくれるタイプの男性で、Ｆさんの遊びに行きたいところには連れていってくれるし、何かと彼女の要望を聞き入れてくれる〝お兄さんみたい〟なタイプだということでした。「この人とならば結婚してもいいかなと思って」、彼女は結婚したとのことです。というのも、彼女はそれまで数人の男性と交際経験があるのですが、いずれも支配的で束縛がひどくなり、しまいには暴力を振るわれるような関係に陥ったので、結婚するなら穏やかで尽くしてくれるようなタイプがよいと思っていたとのことでした。そういう意味では、夫は〝理想的〟だったのです。

それが結婚五年目になる頃には、夫は「オレは今までオマエを騙していたんだ」と態度が豹変し、家事などすべて妻任せになり、暴言やモノに当たるなどの乱暴な態度が出現してきたとのことでした。さすがにひどい暴力まではなかったのですが、このままいくとそれに発展しかねないと、彼女は悩んでいました。

Ｆさんはとても清楚で品の良い女性で、国際貢献関係の専門職に就いていました。これまでの男性関係を聞くと、彼女のほうが世話を焼き〝母親役〟みたいになり、それでどんどん男が彼女に甘え、ダメになっていってしまっているパターンのようでした。Ｆさんは〝影のあるタイプ〟が好きで、しかも才能のある男性と付き合ってきていました。しかし、結果的には、男性は職場での人間関係や仕事の行き詰まりに感情を持て余すようになり、モノに当たったり暴言を浴びせたりするようになっていったのです。

Ｆさんの最初の交際経験は高校時代で、同級生との付き合いでした。彼とは一緒に同じ大学進学を目指し、受験勉強に励んでいたのですが、彼だけ有名大学に進学し、その後彼女には連絡も寄こさなくなりました。こうして交際が自然消滅したことが、彼女のこころの大きな傷になっているようでした。そのせいで彼女は、自分から離れていかないような〝影のある男性〟と、好んで付き合っているように思われました。ですが、それらの男性との付き合いではＤＶ的な関係に陥ったので、夫のような穏やかな男性と結婚したのですが、結果的には同じくり返しになってしまったのです。Ｆさんはとても疲弊した様子で来談しました。

私は初回面談でおおよそ以上の話をうかがい、これが単純なＤＶ事例でないことをすぐに理解しました。したがって、次のようなことをＦさんには伝えました。「あなたにとって、とても困難な状況が起きています。まずは、どうしてこのようなＤＶ的な関係性がくり返されてしまうのか、ここで検討していきましょう。あなたの生育にも関係した不幸なことが、おそらく、くり返されてしまっています」。Ｆさんは同意し、しばらく私との心理面接に通うことになりました。

Ｆさんの実家は地方の名家でした。父親は代々続く会社の経営者でしたが、母親にも暴力を振るい、女性関係もひどく、いわゆる〝やりたい放題〟の男性でした。母親はヒステリックで派手で、結局Ｆさんが高校生の頃、両親は離婚しています。そうした家庭環境のなか、Ｆさんは同胞の世話を焼き、成績も優秀で〝いい子〟として育ってきたのです。

Ｆさんの面接での態度は、礼節保たれているなかにも弱々しさを滲ませ、〝力になりたい〟という援助心をくすぐるものでした。そういう逆転移も働き、しかもＦさんはかなり疲弊していましたので、自我支持のために私は次のように伝えました。「幸せな家庭を作るために父親と逆のタイプを選んだんですね。職業選択も父親とは違う国際貢献に繋がる仕事です。あなたのなかには育った環境とは違う、幸せな世界を作りたいという願いがあるのでしょう」。こうした解釈はFさんのこころには沁み通るように入っていき、Fさんとの面接は順調なように思われました。

　しかし、こうした順調な面接経過に、次第に様相を異にした側面が表れてきたのです。夫に対するFさんの態度に、次第に私のほうが〝焦《じ》れて〟きたのです。Fさんは夫への恐怖心があるとはいえ、夫に対して従属的な態度を強めていきました。すなわち、私から見ると、必要以上に夫に従っていたのです。たとえば、職場での飲み会にも夫の帰りが早いときには不参加にしたり、休みの日には常に夫と行動を共にしたりする、というような関わり方をしていたのです。しかも、それによって夫は必ずしも満足しているわけでもなく、Fさんの不承不承の従属的な態度に、むしろ苛立ちを強めているようにも見えました。私はFさんに対して、夫への〝正当な態度〟、すなわちきちんと〝気持ちを伝え〟、職場での付き合いやFさんの都合にも夫の理解を得るようにアドバイスしましたが、Fさんは頷くものの実行には移されませんでした。さらには、Fさんは職場での男性関係もチラチラ匂わせるようになり、時に泥酔して帰宅し、夫の疑いや怒りをかき立てていました。

　私はこれらのFさんの態度に、夫と同様に苛立たせられ、これが父親とFさんとの関係の「反復強迫」であることに、気づかないわけにはいきませんでした。すなわち、Fさんは表では従属的な態度をとりながらも、裏では男性関係や泥酔での帰宅など、マゾヒズムによる攻撃性を秘めているように思われました。もちろんFさんの攻撃性は無意識的なものであり、夫との関係の苦しさに由来するものには違いありませんが、Fさん自身が自らのマゾヒスティックな性質を理解していないぶん、その攻撃性は自我のコントロール下に置かれないので、逆に破壊性に富んでしまうように考えられました。

　私はここは解釈によって、Fさんのマゾヒズムに認識の光を当てるほかないと判断しました。すなわち、F

さんにも、自らの破壊性を理解してもらう必要があると考えたのです。したがって、次のように言ったのです。「申し訳ないが、正直あなたの言動の裏腹さには苛立たされるんですね。私のアドバイスを従順に聞き入れているように見えながら、その実、夫に飲み会のことを伝えないままに泥酔して帰宅したり、あなたの態度は以前と変わらない。そうした裏腹さは、夫をも苛立たせるし、私も正直苛立ってしまうんですね。私の言うことも我慢して呑み込んでいるように見えますね。そうして我慢して無理に従っても、結果的にあなた自身が相手を怒らせ、余計に苦しくなってしまうのではないでしょうか」。彼女は、自分と関わる人間は、よくわからないが結局皆苛立つと言いました。

私自身は、この時点では、マゾヒズムの孕む攻撃性にまでは言及していません。しかし私は、他者を苛立たせるFさんの裏腹さには、攻撃性が秘められていると考えていました。Fさんは自らが従属し、支配される苦しさの〝仕返し〟として、夫や私を苛立たせるやり方を無意識のうちに選択しているのだろうし、さらには、支配されることには苦しさばかりでなく、支配されることの〝快感〟も得られているのだろうと直観していました。しかし、この時点ではそこまで踏み込むのは、いささか性急すぎるように感じていたのです。その点に関しては、「こころの暗部（病理）に進むには」で述べたいと思います。

(2) 日常臨床に活かす精神分析の視点――内的マネジメント

A 自我強化の視点

【「良い対象への信頼・希望を持つ自己」との連結】

来談したときのFさんは、かなり疲弊した状態でした。したがって、彼女の自我を支える必要性が大きかったのですが、幸いなことに、彼女はすでに内的アイデンティティを職業生活に繋げるだけの能力が備わっていました。彼女は、自分の会社経営さえ良ければそれでよしとした自己中心的な父親とは違い、国際貢献という広く世界に役立つ仕事を選択していたのです。したがって、彼女の自我の基盤やアイデンティティは、一定確保されていましたので、自我強化の視点としては、DVによって打ちのめされている自己肯定感の回復という手続きですんだように思われます。私はFさんに対して、「幸せな世界を作りたい」という彼女の願いを呼び起こし、自我の基盤の修復に手を貸したにすぎません。それよりも、彼女との心理療法において厄介だったのは、次から述べていくような「反復強迫」と、それがもたらす「マゾヒズム」の扱いでした。

B 昇華された陽性の逆転移の視点——苛立ちの逆転移の昇華

Fさんとの面接においては、当初は私のほうも、疲弊した彼女に対するいたわりの念や援助心が強く働き、ポジティブな逆転移が起きていました。それが、彼女の裏腹な態度などから次第に私の逆転移が変容し、苛立ちが募る結果となっていきました。臨床素材で示したように、私はマゾヒスティックなFさんとの関係性に絡めとられたのです。

こうした苛立ちの逆転移は、Fさんからのマゾヒスティックな攻撃性の非言語的メッセージとして理解されます。Fさんには専門職としてのアイデンティティの基盤もあるので、ここは解釈によって対処可能だろうと私は判断しました。しかし、アイデンティティの基盤がFさんほどなかったなら、まずはアイデンティティの芽の形成に時間を割くところでしょう。アイデンティティの基盤が弱ければ、病理の指摘にまで踏み込むのは、陰性治療反応をいたずらに招くかもしれないからです。したがって、その場合はもっとゆっくりとした展開になるでしょう。

Fさんとの関係性では、私はFさんの病理にまでいささか踏み込む解釈をしています。すなわち、Fさんの夫や私への裏腹な態度の指摘です。Fさんは、〝人を苛立たせる〟ことに、思い当たる節がありました。彼女は、自分と関わる人間は結局皆苛立つ、と語ったのです。

しかし、この裏腹な態度は、責められたものではないでしょう。やりたい放題の父親とヒステリックな母親との間に挟まれ、〝裏腹な態度〟を取ることによってしか、彼女には生き延びる道がなかったかもしれないからです。ですが、その苦肉の生存策が、今では彼女を「反復強迫」の落とし穴に引きずり込み、自縄自縛の苦しみを与えていました。したがって、Fさんが自らの〝病理〟を認識の下に置くほか、そこから逃れる術はないように思われました。そのため、私の解釈は〝苛立たせる〟に力点を置いたものになったのです。

それ以降、Fさんとの面接では、〝人を苛立たせる〟観点から私との関係も、夫との関係も、検討することが可能となったのです。

C さらなるこころの暗部（病理）に進むには――「悪い自己」との連結

【「マゾヒスティックな快感を持つ自己」との連結】

Fさんは、自らの人を苛立たせる言動に関して、面接場面で検討可能になるにつれ、夫に対しても私に対しても裏腹な言動は減っていきました。すなわち、職場の男性と飲みに行っていることが後になってわかるようなこともなくなり、面接場面での従順な態度も、ぼんやりとした表情に変化していきました。後者に関しては、Fさんが私の言うことをうまく呑み込めないときにする表情だと判明しました。

このように、Fさんの裏腹さは次第に影を潜めていったのですが、それとともに、いささか元気がなくなっていきました。夫との関係では相変わらず従属的でしたが、Fさんはもはや男性との隠れた密会という行動化はしなくなり、夫が苛立つことも少なくなっていったのです。ですが、Fさんの気持ちはむしろ晴れませんでした。それはまるで、DVが落ち着いていくことが、Fさんにとっては人生の虚しさに繋がっていくかのように思われました。

Fさんは小学校、中学校頃の家庭での様子を語るようになりました。母親はヒステリックに怒鳴り散らし、父親は母親の家出の間、愛人を家に連れ込んでいたのです。父親と愛人とのセックスは、耳を塞ぎたくなるほどの嫌悪感を催し、「父親みたいにだけはなりたくない」という気持ちを強くしたのでした。しかし、Fさんが成長して男性からのDV被害を受けるに及んでは、父親と同じ血が自分の身体の中に流れていることを、絶望感とともに自覚せざるを得なくなった、と語ったのです。すなわち、Fさんは付き合っていた男性からのサディスティックなセックスに、嫌悪しながらも〝異様な興奮〟を覚えていたのでした。Fさんは、自分が父親と似ているのが怖いと言い、自分自身が信用できないと言いました。いつ不倫したり、よその男性に身体を許してしまったりするかわからない自分がいる、と言うのです。

Fさんには、男性のサディズムを引き出す性癖があったのです。Fさんは嫌悪しながらも、乱暴に扱われたり、支配されたりすることに苦痛とともに快感を覚えていたのです。したがって、交際期間や結婚当初は〝お兄さんみたい〟だった夫も、次第に苛立つようになり、乱暴なセックスを求めるようになっていきました。Fさんは嫌悪しながらも、それを望んでいたのです。セックスは支配と被支配の駆け引きに使われ、Fさんの側もそれを無意識的に操っている面があったのです。泥酔して帰宅し、夫の嫉妬をかき立て、乱暴なセックスになだれ込むそのやり方は、端的にFさんの無意識的なセックス・コントロールを物語っていました。私には、Fさんは夫の支配欲を高めることで、逆に夫を支配しようとしているようにも見えました。そこで私は次のように解釈したのです。「夫や私を裏腹な態度によって苛立たせたりしていたのは、それによって夫や私からの苛立ち交じりの支配を求めていたかもしれないですね。必死に支配されることで、あなたは逆に喜びも感じていたのではないでしょうか」と伝え返しました。Ｆさんは「よくわからない」と断りながらも、夫のＤＶやサディズムを引き出している自らの関与に気づいていったのです。

Ｆさんの「マゾヒスティックな快感を持つ自己」との連結は、次第に〝支配されたい自己〟への気づきへと、繋がっていきました。Ｆさんは「支配されるのは嫌ではない」と言いました。これまでＦさんは、無意識的なセックス・コントロールにより、支配されることの快感と夫への〝仕返し〟という両方を手に入れていたのです。Ｆさんは〝支配されたい自己〟を意識化するにつれ、夫を無意識的に振り回し〝欲情〟させることは減り、セックスのなかで支配されることを意図的に求めるようになっていきました。セックスが支配と被支配の〝プレイ〟と化していったのです。それとともに、夫のＤＶも影を潜めていきました。

Ｆさんと夫の関係は落ち着きを見せはじめ、Ｆさんのどこか誘惑的な魔性のような魅力は影を潜め、時に抑うつ的で目立たない女性へと変化していきました。しかし、Ｆさんの仕事の専門性が、Ｆさんの人生の生きがいに力を貸してくれましたので、Ｆさんはマゾヒズムの病理の淵から〝国際貢献〟という健全な献身性に向き直ることができたのでしょう。さらにＦさんの〝支配されることの快感〟は、セックスのなかに囲われていきました。

このケースにおいては、マゾヒズムという「こころの暗部（病理）」にまで解明が進むことによって、ＤＶという関係性の病理にメスが入りました。時にＤＶにおいて、こうしたマゾヒズムの病理が深く介在し、男性側のサディズムを引き出していることは、それほど珍しくはありません。精神分析の視点が司法・犯罪領域にも時に必要となるゆえんです。

第5節　産業・労働における実践

今日では企業の健康支援室などにおいて、健康調査、健康促進プログラム、うつ病予防、自殺予防などで、心理職が医師、保健師などと共に仕事をすることも増えてきました。個別相談は、全体の仕事量のなかではわずかですが、なかには次のような継続的な面接をすることもあります。ですが、そこには企業における個別支援の困難さもあり、企業における心理的支援はどのような方向を目指すべきなのか、さまざまに考えさせられるところです。そうしたテーマをスーパービジョン・ケースから検討したいと思います。

1　アルコール依存症の中年男性Gさん（スーパービジョン・ケース）

(1)　臨床素材

Gさんは地方の優秀な大学を卒業後、製造業の企業に就職し、順調な出世街道を進んでいきました。妻と二人の子どもにも恵まれ、順風満帆な人生と言ってもよかったでしょう。Gさんが躓《つまず》いたのは、部門長に就いた時からでした。それは異例の抜擢だったのです。ところが、製品開発ではアイデアマンだったGさんですが、長という名の付くポジションは責任が重大で、過重負担になりました。Gさんにとっては、製品開発こそやりがいだったものの、部門の管理職の仕事はさまざまに調整役を果たさなければならず、それが苦手で苦痛になってしまったのです。

Gさんはそれ以来、会社を辞めたいと妻にこぼすようになり、降格を会社にも申請し、結局希望は聞き入れられました。しかし、もはや以前のような活力はなくなり、次第に酒量が増えていったのです。精神科クリニックを紹介され、うつ病とアルコール依存症の疑いという診断が付きましたが、Gさんはその後も酒量が増え、会社も突然休むことが出てきました。

健康支援室では、三十代の女性心理職が、産業医の依頼でGさんの面接を担当しました。Gさんはエリートコースを走ってきただけに挫折感が強く、以前のように仕事にやりがいを持てなくなったことをこぼしました。妻は献身的な人で、夫を叱咤激励するわけでもなく控えめに支え続けようとしましたが、Gさんはとうとう休職に至りました。休職中は産業医との復職に向けた面談や心理面接などが断続的に続けられましたが、結局傷病手当が切れるのを機に、退職になってしまいました。

(2) 日常臨床に活かす精神分析の視点——内的マネジメント

A 自我強化の視点

このケースは、健康支援室における支援という性質上、個別の心理面接は手厚くなされることが困難です。産業労働分野ではこうした場合、配置転換や適材適所の職場環境を検討するなど、ほとんど環境マネジメントの仕事が中心になります。このケースの場合も、Gさんの希望に従って部門長の職階を解かれたのですが、エリートコースを走ってきただけに挫折感が強くなり、そのためうまく問題が解決しませんでした。結果的になすすべなく退職となり、支援を担当した心理職の若い女性も、とても無力感を強くしたケースです。

ところで、企業においてはこうしたケースのように、うつ病、アルコール依存、自殺などの問題を、実のところ多く抱えていることを耳にします。大企業ほどそうした問題が深刻です。この場合、心理職として私たちはどのような貢献ができるのでしょうか。

産業・労働領域という特色上、個別支援を手厚くすることは困難でしょう。むしろ健康調査など、予防的な支援のなかに精神分析的な観点をどのように活かせるかが、ポイントかもしれません。もっとも、私自身がそのような予防的支援に分析的観点を活かす実践を行っているわけではありませんので、あくまでも可能性の観点からしか述べることはできませんが、職場における適応、不適応の個人側の要因分析は可能かもしれないと思います。

たとえば、このケースでは、製品開発においては優れた能力を発揮し、それが見込まれて部門長にまで昇り詰めていったわけです。しかし、製品開発の能力と管理能力とは自ずと質を異にします。健康調査票などの調査項目に、パーソナリティ特性や職業適性分析を可能にする質問項目を設け、場合によっては健康支援室における個別面談なども行い、職員の職業特性を分析する手立ては考えられるかもしれません。それによって、昇進・昇格、配置転換などの参考資料にすることも可能でしょう。もちろん、そうした資料によってのみ、職員の適材適所を決めるのは妥当性を欠く場合も少なくありませんので、人事担当や上司による職員面談の参考資料として活かす材料とするわけです。それによって、ボタンの掛け違いのような仕事のマッチングの不適合を、少なくすることも可能かもしれません。

今回のケースにおいては、理系の技術者にありがちな、モノ相手の仕事だと抜群の能力を発揮するものの人間相手だと途端に困惑し、不適応を来してしまう例に漏れません。合理的で理詰めに考えていけば予測可能なモノ世界と、情動によって動かされ予測困難な人間世界では、自ずと得手不得手が違ってくるものです。そういう特性がある程度把握されていれば、自我の基盤が揺らぐことなく、自らの特性の活かされた職業生活を送れたのかもしれません。

環境マネジメントにおいて、個人のパーソナリティ特性や能力特性を考慮に入れた人材配置も、「自我強化」に繋がる〝予防的〟支援に数え入れても、あながち間違いではないでしょう。個人の持ち味や特性が適材適所で活かされれば、企業にとっても個人にとっても好適な労働環境になるからです。

B 昇華された陽性の逆転移の視点——無力感の逆転移の昇華

Gさんの心理支援を担当した女性は、なすすべもなく就労困難な途をたどった経過に、無力感を強くしました。企業における相談支援なので頻回の面接がかなうわけでもなく、オンディマンドの面接では、自ずと支援の限界がありました。Gさんは面接に来るたびに心身の状態を悪化させ、休職から退職への道を転がり落ちるように滑っていきました。心理の面接者が無力感を強くしないわけがありません。

結局のところ、「無力感の逆転移の昇華」は、なされることなく終わりを告げたのです。心理職の女性が味わった無力感は、もちろんGさん自身の挫折感が非言語的に伝わってきたものですし、さらにはGさんの妻もひどく無力感を強くしていました。妻は、エリートだった夫が見る影もなく元気のなくなっていく様子に、健康支援室の面談では気の毒なほど涙を流し、肩を落としていました。離婚話も持ち上がっていましたが、それでも夫を支えようとしていました。

企業における個別の心理療法的支援には、限界があるのでしょう。「無力感の逆転移の昇華」という観点から鑑みれば、病気の治療は医療に委ね、企業における健康支援としては、やはり予防や早期発見に重点を置き、このケースのように支援者の味わった無力感は、次に活かされていくほかないのかもしれません。

C　さらなるこころの暗部（病理）に進むには――「悪い自己」との連結

【「破滅願望を持つ自己」との連結】

健康支援において、〝こころの暗部〟を扱うことはまずありません。むしろ、個人の持つ〝強み〟や〝適性〟を活かし、適応力を育んだり伸ばしたりすることが先決とされるからです。ですが、〝こころの暗部〟への視点を持つこと自体は、支援者には時に必要とされます。このケースの場合も、なぜ不適応の道へと転がり落ちてしまったのでしょうか。たしかに適材適所の人材配置に齟齬があったことは事実でしょう。Gさんは製品開発に才能を発揮する技術者であり、モノとの関わりに〝快感〟を得るタイプでした。ですから、人の管理や調整などの対人マネジメントは、極めて苦手な部類に属します。それにしても、部門長の職階を解かれたなら、再び製品開発に勤しむこともできたはずなのに、Gさんは職場で立ち直ることができませんでした。いったん外れたタガは、元に復すことはできなかったのです。

もちろん、エリートコースを走り、出世頭でしたので、その挫折感の強さが立ち直りを阻んだのかもしれません。しかし、それだけでしょうか。もとより、今となってはわかりようもありませんが、可能性として考えられることはあります。すなわち、こうした〝転落〟の背後には、「破滅願望」が潜んでいることも、あながちないとは言い切れません。と言いますのも、経営者からはその手腕を買われ、特別扱いされるほどの高給をもらっていたにもかかわらず、Gさんは病気になる前から時々、仕事を辞めたいとこぼしていました。そこには、モノとの関わりは快感なものの、人間関係は苦手で疲弊してしまう、もう一人のGさんが存在していたのかもしれません。ひょっとしたら、Gさんにとって毎日の職業生活は、〝金属疲労〟にも似た微細な消耗の積み重ねだったのかもしれません。

うがった見方をすれば、Ｇさんは人間世界からこぼれ落ちることにより、無意識のうちに〝楽になる道〟を選んだ可能性もあるのです。もしそうした「破滅願望」が潜んでいたとすれば、もちろん健康支援室で扱える範囲ではありません。Ｇさんが個人心理療法を受けることになったのなら、自らの「破滅願望」を見定め、破滅するのか破滅せずに生き残るかの人生の岐路に立たされたのかもしれません。

いずれにしろ、産業・労働領域における精神分析の活かし方には、今後さらなる経験と知見の蓄積が待たれるところでしょう。

参考文献

Bion, W. R.（1953）「統合失調症の理論についての覚書」『再考――精神病の精神分析論』金剛出版

Bion, W. R.（1965）「変形」『精神分析の方法Ⅱ』法政大学出版局

Bion, W. R.（1994）『新装版　ビオンとの対話――そして、最後の四つの論文』金剛出版

Freud, S.（1895）「ヒステリー研究」『フロイト著作集7』人文書院

Freud, S.（1910）「精神分析療法の今後の可能性」『フロイト著作集9』人文書院

Freud, S.（1912）「転移の力動性について」『フロイト著作集9』人文書院

Freud, S.（1913）「分析治療の開始について」『フロイト著作集9』人文書院

Freud, S.（1916–1917）「精神分析入門（正・続）」『フロイト著作集1』人文書院

Freud, S.（1917）「悲哀とメランコリー」『フロイト著作集6』人文書院

Freud, S.（1920）「快感原則の彼岸」『フロイト著作集6』人文書院

Freud, S.（1924）「マゾヒズムの経済的問題」『フロイト著作集6』人文書院

Gabbard, G. O.（2010）『精神力動的精神療法　基本テキスト』岩崎学術出版社

Heimann, P.（1950）「逆転移について」『対象関係論の基礎』新曜社

Jacobs, M.（1995）*D. W. Winnicott.* SAGE Publications.

Joseph, B.（1982）「瀕死体験に対する嗜癖」『心的平衡と心的変化』岩崎学術出版社

衣笠隆幸（2018）『衣笠隆幸選集2』誠信書房

Klein, M.（1957）「羨望と感謝」『メラニー・クライン著作集5』誠信書房

松木邦裕（1998）『分析空間での出会い――逆転移から転移へ』人文書院

Money-Kyrle, R.（1956）「正常な逆転移とその逸脱」『メラニー・クライン　トゥデイ③』岩崎学術出版社

Racker, H.（1968）『転移と逆転移』岩崎学術出版社

Rodman, F. R.（2004）*Winnicott.* Da Capo Press.

Rosenfeld, H.（1987）『治療の行き詰まりと解釈』誠信書房
祖父江典人（2010）『ビオンと不在の乳房――情動的にビオンを読み解く』誠信書房
祖父江典人（2015）『対象関係論に学ぶ心理療法入門――こころを使った日常臨床のために』誠信書房
祖父江典人（2017）「フロイト－ビオンに内在する内的マネージメント論――脆弱な自我へのアプローチ」『精神分析研究』第六一巻第三号、岩崎学術出版社
祖父江典人（2018）「逆転移と治療構造――内的マネージメント概念を援用して」『臨床心理学』第一八巻第三号、金剛出版
祖父江典人・細澤仁共編著（2017）『日常臨床に活かす精神分析――現場に生きる臨床家のために』誠信書房
Steiner, J.（1993）『こころの退避――精神病・神経症・境界例患者の病理的組織化』岩崎学術出版社
Tustin, F.（1972）『自閉症と小児精神病』創元社
Winnicott, D. W.（1958）*Collected Papers：Through Paediatrics to Psycho-Analysis*. Tavistock Publications.
Winnicott, D. W.（1958）『小児医学から精神分析へ』岩崎学術出版社
Winnicott, D. W.（1965）『情緒発達の精神分析理論』岩崎学術出版社
Winnicott, D. W.（1971）『遊ぶことと現実』岩崎学術出版社
Winnicott, D. W.（1984）*Therapeutic Consultations in Child Psychiatry*. Karnac Books, pp.318–329.
Winnicott, D. W.（1984）『子どもの治療相談面接』岩崎学術出版社

おわりに

私たちは適応するために生きているのではありません。生きるために適応するのです。この生きることと適応することの順番は、意外に大事です。なぜなら、私たちが生きたいと思うのは、あくまでも〝生きる欲望〟があるからこそ、生きたいと思うからです。

実のところ、フロイト心理学は「欲望理論」から出発しました。フロイトが人のこころの奥に見出したのは、性愛という〝生きることへの欲望〟だったのです。ただし、その性愛は、エディプス欲望という近親相姦願望でした。それゆえ、その邪《よこしま》な欲望に対する罪悪感のために無意識の葛藤が形成され、神経症に至りました。したがって、フロイトの実践した心理療法とは、欲望の意識化による神経症の治療であり、それはある意味〝欲望の復権〟と言ってもよいのです。ですが、フロイト自身が『精神分析入門』の中で語っているように、何もその邪な欲望の行動化を彼は勧めているわけではありません。「性的に充分に人生を楽しむように」というようなアドバイスとは程遠いのです。邪な欲望は意識化され、それによって自我のコントロール下に入り、「昇華」の道を探られるのです。

〝欲望の復権〟というこの観点は、今日の精神分析がとかく不安（葛藤）、防衛理論に焦点が当たり過ぎているだけに肝要です。スプリッティングや見捨てられ不安などの防衛解釈は、クライエントの適応のあり方の歪みを明らかにしますが、さらに必要なのは、クライエントが密かに抱え持っている〝欲望〟を明らかにすることです。なぜなら、現実適応の歪みをもたらしている不安や防衛を扱うばかりでなく、性愛や攻撃性に根を持つ〝欲望〟を明るみにすることは、生きるエネルギーに繋がりうるからです。それがたとえ〝邪な欲望〟だったとしても、〝健全な欲望〟への道へと拓かれうるからです。

この観点がとりわけ大事になるのは、生きる希望の見出せないような、比較的重篤なクライエントにおいてでしょう。彼らは現実世界のなかで、満足な適応や幸せをつかむことがもはや困難だったりします。その際、何を頼みにして生きていくのか。それは適応のためではありません。生きる欲望があるからこそ生きようと思うのです。その、こころの底に眠る〝欲望〟の鉱脈を、心理的支援は探り当てる必要があるのです。

今後、公認心理師を筆頭に、心理の仕事が現実支援や関係機関との連携に重点を置く方向性が示されていますが、そのこと自体は今日の時代状況を鑑みれば、必要なことでもあるでしょう。ですが、そこに欲望を持って生きる人間のこころや生きがいが置き去りにされたのでは、現実適応のみの砂を噛むような人生を押し付けていることにもなりかねません。ですので、フロイト、クライン、ウィニコット、ビオンなどの精神分析の先達から日常臨床において学ぶことのできるのは、人が生きることの内実に豊かさをもたらすために欠かせない、〝邪な欲望〟から〝健全な欲望〟への視点でもある、と言えるのです。

なお、本書は拙著（祖父江 2015）『対象関係論に学ぶ心理療法入門——こころを使った日常臨床のために』（誠信書房）の続編と見なしていただいて結構です。前書においては基本的な心理療法の考え方や作法を解説し、本書においては、現場実践に活かされるような精神分析の考え方や技術をお示ししようとしました。本書がいささか難しいと感じられるようでしたら、前書も併せてお読みいただければ、さらに理解を深めていただけるのではないかと考えております。

また、私事で恐縮ですが、還暦も過ぎ、私自身の心理療法の経験を後進に伝えていきたいと思い、各地で私塾的な系統セミナーを開催しております。ご関心のある方は、メール（sobuenorihito@yahoo.co.jp）にてお問い合わせください。

今後、時代の要請や変化とともに、さまざまな現場で活躍されるであろう公認心理師、臨床心理士、精神科医、援助職、教育職等の方々のために、本書がやりがいのある支援を発見する一助となれば、このうえありません。

最後になりましたが、前任者の児島雅弘氏を引き継ぎ、的確な編集作業を進めていただいた誠信書房の中澤美穂氏に深謝します。

二〇一九年一月

祖父江 典人

●ヤ　行●

●ラ　行●

●ワ　行●

●ナ　行●

●ハ　行●

●マ　行●

●サ　行●

●タ　行●

索　引

●ア　行●

●カ　行●

著者紹介

祖父江 典人（そぶえ　のりひと）

1957年　生まれる

1980年　東京都立大学人文学部卒業

現　在　愛知教育大学大学院教育学研究科学校教育臨床専攻教授
　　　　名古屋心理療法研究所
　　　　博士（心理学）

専　攻　臨床精神分析学

著訳書　『日常臨床に活かす精神分析』（共編）誠信書房　2017
　　　　『対象関係論に学ぶ心理療法入門』誠信書房　2015
　　　　『松木邦裕との対決』（共著）岩崎学術出版社　2012
　　　　『ビオンと不在の乳房』誠信書房　2010
　　　　『対象関係論の実践』新曜社　2008
　　　　『臨床心理学にとっての精神科臨床』（共著）人文書院　2007
　　　　スィーガル『メラニー・クライン』誠信書房　2007
　　　　『心理療法の実践』（共著）北樹出版　2004
　　　　『オールアバウト「メラニー・クライン」現代のエスプリ
　　　　　別冊』（共著）至文堂　2004
　　　　ビオン『ビオンの臨床セミナー』（共訳）金剛出版　2000
　　　　ビオン『ビオンとの対話』金剛出版　1998

公認心理師《こうにんしんりし》のための精神分析入門《せいしんぶんせきにゅうもん》

——保健医療《ほけんいりょう》、福祉《ふくし》、教育《きょういく》、司法《しほう》・犯罪《はんざい》、産業《さんぎょう》・労働領域《ろうどうりょういき》での臨床実践《りんしょうじっせん》

2019年3月10日　第1刷発行

著　者　祖父江典人
発行者　柴田敏樹
印刷者　藤森英夫

発行所　株式会社　誠信書房
〒112-0012　東京都文京区大塚3-20-6
電話　03（3946）5666
http://www.seishinshobo.co.jp/

印刷／製本：亜細亜印刷㈱

ISBN978-4-414-41652-7 C3011　Printed in Japan